Ralph Waldo Emerson

Drei Ansprachen

Ralph Waldo Emerson

Drei Ansprachen

Über Bildung, Religion
und Henry David Thoreau

Aus dem Englischen
von Heiko Fischer

Mit einer Einleitung
von Dieter Schulz

Derk Janßen Verlag

www.derk-janssen-verlag.de
Gestaltung:
Christoph Eberle, Büro für visuelle Kommunikation, Freiburg im Breisgau
www.christopheberle.de
Herstellung und Satz:
fgb · freiburger graphische betriebe 2007
Umschlagfoto: Ralph Waldo Emerson, Daguerreotypie 1854
Printed in Germany
ISBN 978-3-938871-01-0

Inhalt

Einleitung

Die drei in diesem Band versammelten Reden – „Der amerikanische Gelehrte“ (The American Scholar, 1837), „Rede an der theologischen Fakultät der Universität Harvard“ (Divinity School Address, 1838), „Thoreau“ (1862) – sind Schlüsseltexte der Vereinigten Staaten. Ihr Verfasser, Ralph Waldo Emerson (1803–1882), hatte sich gleichsam über Nacht mit der Veröffentlichung einer kleinen Abhandlung unter dem Titel *Nature* (1836) als führender Kopf der „Transzendentalisten“ etabliert, einer lockeren Gruppierung von Geistlichen, Sozialreformern, Pädagogen, Dichtern und Philosophen, die von den 1830er Jahren bis zur Mitte des 19. Jahrhunderts die Kleinstadt Concord (Massachusetts) zum Weimar der USA machten.[1] Harold Bloom zufolge ist Emersons Geist im Guten wie im Schlechten identisch mit dem Geist Amerikas.[2] Die pontifikale Grandezza einer solchen Feststellung sollte nicht darüber hinwegtäuschen, dass Emerson in der Tat auch heute noch als der zentrale Intellektuelle der USA gelten kann. Der philosophische Pragmatismus; Dichtung, Malerei, Architektur und Musik der Moderne und der Avantgarde; religiöse Strömungen von Christian Science bis Positive Thinking: Obgleich er nicht mehr, wie im ausgehenden 19. Jahrhundert, den Status einer nationalen Ikone besitzt, ist seine Ausstrahlung in alle Bereiche der amerikanischen Kultur ungebrochen.

Die Transzendentalisten formulierten keine griffige Programmatik, aber gemeinsam war ihnen die Überzeugung, dass Kultur und Gesellschaft der USA einer radikalen Erneuerung bedürften. Aus welchen Quellen, aus welchen Einsichten speiste sich ein solcher Impuls? Waren doch gerade erst sechzig Jahre vergangen, seit Washington, Franklin, Jefferson, Adams und die anderen Gründerväter die neue Nation aus der

Taufe gehoben hatten, und verstand sich doch auch das zeitgenössische Amerika Andrew Jacksons und seiner Nachfolger im Weißen Haus als moderne Alternative zur Alten Welt. Was gab es jetzt schon zu „erneuern"?

Emersons Antwort auf diese Frage ist vielschichtig. Unmittelbar nachvollziehen lässt sich der am Beginn und gegen Ende von „Der amerikanische Gelehrte" formulierte Anspruch, die Zeit sei gekommen, der politischen Unabhängigkeit eine geistige folgen zu lassen, nicht länger auf die „höfischen Musen Europas" zu hören und statt dessen eine Kultur zu schaffen, die einer demokratischen, auf der Würde des Einzelnen und der Gleichheit aller beruhenden Gesellschaft gemäß sei. Derartige Proklamationen gab es jedoch bereits in der Gründerzeit. Oliver Wendell Holmes' viel zitierte Bemerkung, Emersons Rede sei „unsere intellektuelle Unabhängigkeitserklärung" gewesen, ist deshalb ebenso zutreffend wie vordergründig. Von erheblich mehr Gewicht ist die Frage, welche Diagnose Emersons Überlegungen zugrunde liegt und welche Hoffnungen er mit einer wahrhaft unabhängigen Kultur verbindet. Was meint er, wenn er in seiner grandiosen *peroratio* die Vision einer „Nation von Menschen" beschwört, die – erstmals in der Weltgeschichte! – aus einem solchen Emanzipationsprozess hervorgehen könne?

Zunächst erinnert Emerson an den altbekannten Mythos vom Kugelmenschen: Ursprünglich war der Mensch ein in sich geschlossenes, vollkommenes Ganzes. Im Prozess der Zivilisation wurde dieses Ganze aufgebrochen, an seine Stelle sind spezialisierte Funktionen getreten, die im Zuge von Industrialisierung und Arbeitsteilung zu immer kleineren Einheiten schrumpfen. Wir sind Pfarrer, Rechtsanwälte, Handwerker, Seeleute; als solche sind wir immer noch Menschen, aber insofern wir den Bezug zum ursprünglichen, ganzen Menschen verloren haben, leben wir im Zustand der Entfremdung und der Verdinglichung. Wir gleichen „amputierten Gliedmaßen", die sich nicht mehr als Teil des Körpers fühlen können und damit zu gespenstischen, monströsen Existenzen geworden sind. Was tun? Wie können die verheerenden Auswirkungen dieser Katastrophe, dieses Sündenfalls, behoben werden? Im Laufe seiner langen Schriftsteller- und Rednertätigkeit hat Emerson eine Fülle von Vorschlägen gemacht, die hier abgedruckten Reden nehmen jedoch zu Recht eine herausragende Stellung in seinem Oeuvre ein. In „Der amerikanische Gelehrte" und in der „Rede an der Theologischen Fakultät der Universität Harvard" verbindet der Autor eine kultur- und gesellschaftspolitische Programmatik mit dem Versuch, seinen eigenen Beruf im Sinne von „Berufung" zu bestimmen. Harvard war Emersons *alma mater*, hier wurde er nach dem College-Abschluss zum unitarischen Pfarrer ausgebildet. Ein „Heimspiel" waren die Auftritte dennoch nicht. Denn inzwischen (1832) hatte Emerson das Pfarramt niedergelegt und für sich einen Beruf gewählt, den es im zeitgenössischen Amerika eigentlich gar nicht gab: den des unabhängigen, öffentlichen Intellektuellen. Dessen Qualifikationen aber mussten in wichtigen Punkten geradezu als Kampfansage an das klassische Theologenbild erscheinen. Die Reaktion des Establishments folgte prompt: Es dauerte fast dreißig Jahre, bis Emerson wieder in Harvard auftreten durfte.

In „Der amerikanische Gelehrte" umreißt Emerson seine Position im Umfeld des zeitgenössischen Amerika. Worin lag – und liegt – die Herausforderung dieser Standortbestimmung? Stellt nicht der Ganzheitsmythos eine nostalgische, allseits zustimmungsfähige und darum relativ harmlose Rückprojektion dar? Alles, was Emerson zur Stellung und zu den Aufgaben des amerikanischen Intellektuellen zu sagen hat, kündigt sich seiner eigenen Aussage zufolge in der Definition des Gelehrten als „*Man Thinking*", als „denkenden Menschen" an. Damit bindet er die Funktion des Intellektuellen an die Vorstellung vom ganzen Menschen. Auf die neben dem ‚Gelehrten' gängigsten Bedeutungen des Wortes *scholar* (‚Schüler', ‚Student') anspielend, stellt er in der ihm eigenen apodiktischen Art fest: Nicht um eine spezialisierte, einer Elite vorbehaltene Tätigkeit geht es; *alle* Menschen sind „Studierende", alle sind den gleichen „Einflüssen" ausgesetzt und können aus ihnen Nutzen ziehen.

Das Spektrum der Einflüsse gliedert sich in die Bereiche der Natur, der kulturellen Tradition und schließlich der Erfahrung im sozialen Umfeld.[3] Entscheidend ist, wie der Intellektuelle das, was er in diesen „Schulen" lernt, verarbeitet. Die Wendung vom „Man Thinking" signalisiert eine *Tätigkeit*; alles, was dem neugierigen Geist begegnet, wird *pragmatisch* als Ressource verstanden, als Kraftquelle, aus der das Ich Energie für den je eigenen, unverwechselbaren Lebensvollzug gewinnen kann. Ob Natur, Bücher oder Gesellschaft auf den Geist einwirken, stets kommt es darauf an, sich nicht an diese Instanzen als an fremde Autoritäten zu verlieren, sondern sich ihrer als Hilfsmittel zur Stärkung des individuellen Selbst zu bedienen. Dabei gehen Denken, Leben und Handeln nahtlos ineinander über, ganz im Sinne der platonischen Philosophie, die das Denken mit dem Projekt der Bildung und Erziehung verknüpft.

Den europäischen Leser mag die Respektlosigkeit verblüffen, mit der Emerson die Monumente der Vergangenheit behandelt. Die Beurteilung der Klassiker nach ihrem Nutzwert für die Gegenwart scheint einem Banausentum zu entspringen, das zu unseren Lieblingsklischees über „die Amerikaner" gehört. So sind sie eben: Was nicht sofort zu gebrauchen ist, wird über Bord geworfen. Eine solche Sicht verkennt die außerordentliche Tiefe von Emersons Pragmatik ebenso wie ihre anhaltende Relevanz. Nicht um eine Instrumentalisierung der Kultur geht es; niemand hat eindrücklicher die materialistisch-ökonomische Verflachung seiner Zeit beklagt als Emerson und die Transzendentalisten. Was Kultur – und der Intellektuelle als ihr Sachwalter – zu leisten vermöchte, ist Erziehung in dem emphatischen Sinne, den Emerson – auf die Etymologie von *education* (‚Herausführen') anspielend – im Tagebuch (13. Sept. 1831) als „Herausziehen der Seele" („drawing out the soul") bezeichnet.

Damit gibt Emerson der schon in der Gründerzeit der USA weitverbreiteten Vorstellung, dass die junge Republik mündiger Bürger bedürfe und dementsprechend als eine gewaltige Erziehungsaufgabe zu verstehen sei, eine neue Dimension. Denn die Seele, die es mithilfe von Natur, kulturellen und sozialen Artefakten zu entfalten gilt, stellt keine definierbare Substanz dar, vielmehr handelt es sich hier um das schöpferische Prinzip, dessen Walten in uns die Gottesebenbildlichkeit des Menschen ausmacht. Als Entfaltungsform der Seele ist Denken eine uns zutiefst gemäße, zugleich nachhaltige und unabschließbare Tätigkeit. Die sichtbaren Erscheinungsformen des schöpferischen Prinzips – in Pflanzen und Tieren ebenso wie in Büchern, Kunstwerken und gesellschaftlichen Institutionen – gewinnen ihre Legitimation allein aus dem Maße, in dem sie über sich hinaus auf den großen „Generator" verweisen, auf die Quelle, aus der sie entsprungen sind. Der Intellektuelle hat danach seine vornehmste Aufgabe darin, unserer fatalen Neigung zur Verdinglichung sowie zur Nachahmung vermeintlicher Autorität in vorgegebenen Instanzen entgegenzuwirken, indem er unseren Blick über die Dinge hinaus auf den schöpferischen Prozess lenkt, der in den Höchstleistungen der Kultur ebenso wie in der Natur nie zum Stillstand kommt.

Für die Kultur der USA ergibt sich daraus eine Vision, die zugleich universalistische und nationalistisch-exzeptionalistische Züge trägt. Für die Amerikaner gilt das Gleiche, was jedes Individuum im Sinne des ganzen Menschen anzustreben hat. Aber die junge Nation bietet die weltgeschichtlich einzigartige Chance einer Kultur, die sich eklektizistisch der Fülle anderer Kulturen bedienen kann, ohne sich epigonal an sie zu verlieren, da sie sich selbst als ständigen Geburts- und Erneuerungsvorgang begreift. Die Nation, die am Ende der Rede anvisiert wird, würde Menschen im emphatischen Sinne versammeln: Individuen, die sich nur insoweit an anderen orientieren, als diese sie zur eigenen Selbstwerdung „provozieren". Was Emerson hier und anderswo (insbesondere in „Self-Reliance") als „Selbstvertrauen" bezeichnet, lässt sich grundsätzlich nicht mit Begriffen im herkömmlichen Sinne fassen, denn was im Geburtsvorgang zum Vorschein kommt, wird etwas anderes sein als alles bisher Dagewesene. Schon deshalb besteht kein Anlass, vor den Kulturgütern der Alten Welt in Ehrfurcht zu versinken. Amerikaner sein heißt, individuell wie kollektiv sich auf das grund-lose Wagnis einer Geburt einzulassen.[4]

Gemessen an diesem Ideal ist der Status quo beklagenswert. Aus Trägheit oder Angst vor der eigenen Courage verehren wir nicht die göttliche, schöpferische Kraft in uns und um uns herum, sondern die sichtbaren Gestalten, die sie doch nur vorübergehend angenommen hat. Nirgends wird die perverse Tendenz unseres Geistes zur Verdinglichung deutlicher als in der Geschichte und den gegenwärtigen Erscheinungsformen der christlichen Religion. Die „Rede an der theologischen Fakultät der Universität Harvard" beklagt ein in Formalismus erstarrtes Christentum. Statt Schöpfung als allgegenwärtigen Prozess zu feiern, vergöttern oder besser: vergötzen wir die Person Jesu Christi. Statt das Feuer des Geistes zu entfachen, das aus seinen Worten spricht, erklären wir die Worte und ihren Träger selbst für heilig, die doch nur Zeugnis ablegen wollen von einer Begeisterung, die in keinem Wort, in keiner Person und schon gar nicht in Dogmen und Riten stillgestellt werden dürfe.

Damit bringen wir uns um das, was den Wert aller Großen in der Geschichte ausmacht: ihr erzieherisches Potential für die Emanzipation des Schöpferischen, Göttlichen in uns. In seiner Porträtgalerie historischer Figuren, dem Essayzyklus *Representative Men* (1850), stellt Emerson den „Helden" seines schottischen Freundes Thomas Carlyle (*On Heroes, Hero-Worship and the Heroic in History*, 1841) ein demokratisches, anti-autoritäres Konzept der großen Persönlichkeit gegenüber. Den Einzelporträts (von Platon als repräsentativem Philosophen über Montaigne als Skeptiker bis hin zu Goethe als Schriftsteller) geht ein einleitendes Kapitel mit der bezeichnenden Überschrift „Uses of Great Men" voraus. Auf den *Nutzen* der Großen kommt es an, auf die Hilfestellung, die sie uns dabei bieten, uns zu uns selbst zu befreien. Die heroischen Gestalten der Geschichte sprechen für uns, sie „repräsentieren" uns; sie verdanken ihre überragende Statur einer Macht, die nicht ihre eigene ist. Sobald wir die Botschaft mit der Person des Überbringers identifizieren, begeben wir uns in eine Abhängigkeit, die unseren Lebensnerv erstickt, statt ihn zu stimulieren. Das Christentum ist von einer Antwort auf das genuine religiöse Verlangen, das „moral sentiment", zu Idolatrie und Buchwissenschaft verkommen. Eine an falsch, d. h. unpragmatisch-essentialistisch und autoritär aufgefassten Vorbildern orientierte Kultur ist eine Kultur des Todes; sie erschöpft sich darin, die Giganten der Vergangenheit noch einmal zu begraben.[5]

Soweit Amerika sich an solchen Vorbildern ausrichtet, weigert es sich, geboren zu werden. Dem Intellektuellen – als Gelehrten, aber auch als Pfarrer, waren doch in der westlichen Geschichte über Jahrhunderte die Geistlichen die Gelehrten einer Nation – kommt die Rolle des Geburtshelfers zu. Seine Autorität bemisst sich zum einen nach dem Grad seiner Repräsentativität: Inwieweit spricht er für uns, und zwar nicht für unsere auf materielle Ziele verengten Interessen, sondern für den *ganzen* Menschen in uns. Zum anderen haben wir Veranlassung, ihn zu achten, weil er noch unter den härtesten Verkrustungen des Bewusstseins Lebensfunken ausmacht. Das Feuer auf dem Altar des Christentums scheint erstickt, aber in der Asche schwelt noch etwas, das zur Flamme entfacht werden kann. Deshalb fordert Emerson keineswegs, wie man nach seiner vernichtenden Kirchenkritik und im Blick auf seine eigene Biographie erwarten würde, dass die Harvard-Absolventen ihre Karrierepläne aufgeben und sich nach Berufen jenseits der Kirche umsehen sollten. Nein, ihre Aufgabe wird es sein, jene Zeichen zu erkennen, die auch unter den obwaltenden Bedingungen Mut machen können.

Im Bereich der Kirche erkennt Emerson solche Zeichen in den Institutionen von Predigt und Sabbat bzw. Sonntag; sie zu revitalisieren erscheint ihm durchaus der Mühe wert, bewahren sie doch die Erinnerung an den Zusammenhang von Religion und Schöpfung, der den Einzelnen und das Land mit Leben zu erfüllen vermöchte. Für die Kultur insgesamt sieht er Zeichen der Hoffnung in der Nobilitierung des Alltäglichen und Gewöhnlichen sowie in der Achtung des Individuums. In den egalitären und individualistischen Tendenzen der Gegenwart zeichnen sich erste Umrisse einer demokratischen Kultur ab; sie gilt es aufzunehmen und zu forcieren, gehört es doch zu den Prämissen der Demokratie, dass ihre Vitalität von einer möglichst großen Zahl möglichst verschiedener, einzigartiger Individuen abhängt, die sich wiederum nur entfalten können unter den Voraussetzungen einer enthierarchisierten Gesellschaft.

Die 1862 gehaltene Totenrede auf Henry David Thoreau, den einstigen Schüler und Freund, zeigt an, in welchem Maße Emerson den in seinen frühen Ansprachen formulierten Überzeugungen treu geblieben ist. Der Ausdruck persönlicher Betroffenheit tritt zurück gegenüber den Maßstäben, die er an jede bedeutende Persönlichkeit anlegt: Worin lag das Geheimnis von Thoreaus Kraft und seiner Ausstrahlung? Inwieweit hat er das Potential des ganzen Menschen entfaltet und damit uns alle und im Besonderen den Amerikaner beispielhaft „repräsentiert“?

Thoreaus Ruhm beruht vor allem auf zwei Werken: dem Essay „Civil Disobedience“ (1849), in dem er, ausgehend von seiner Weigerung, Steuern zu zahlen – mit anschließender Inhaftierung für eine Nacht –, das grundsätzliche Recht des Individuums formuliert, sich in bestimmten Situationen den Forderungen des Staates zu entziehen; dem Buch *Walden; or, Life in the Woods* (1854), einem Zyklus von Essays, in denen er sein über zweijähriges Leben in seinem selbstgebauten kleinen Haus am Walden See in der Nähe von Concord verarbeitet. Im 20. Jahrhundert wurde der politische Rebell ebenso wie der „grüne“ Thoreau zu einer Ikone der amerikanischen Kultur. Die von Emerson gesetzten Akzente entsprechen eher dem Thoreau-Bild des 19. Jahrhunderts, das den Abolitionisten und Sozialkritiker weitgehend ignorierte zugunsten des Naturapostels. Darin liegt zweifellos eine Blickverengung. Doch ehe man sie Emerson zum Vorwurf macht, sollte man sich der von ihm vertretenen Prioritäten erinnern. Sein erstes, später als „Manifest“ des Transzendentalismus bezeichnetes Werk galt der Natur. Für den Intellektuellen, dessen Ideal er in „Der amerikanische Gelehrte“ skizziert, ist die Natur die erste und wichtigste „Schule“, zeigt sich doch in ihr das Prinzip der Schöpfung in seiner reinsten Form. Das Studium der Natur fällt mit Selbsterforschung zusammen. Eine Existenz im Einklang mit den Rhythmen der Natur, wie sie Thoreau in seinem Walden-Experiment und in seiner gesamten Lebensführung anstrebte, verdient deshalb höchste Bewunderung. Ein solches Experiment hat uns allen etwas zu bedeuten, zumal Thoreau das Leben in der Natur mit einem Höchstmaß an Reflexion und nicht zuletzt einer gediegenen akademischen Bildung verband.

Auch die Thoreaus Leben und Werk durchziehenden eigenbrötlerisch-misanthropischen Züge, sein oft penetranter Hang zum Widerspruch, zu extravaganten, paradoxen und überspitzten Formulierungen entsprechen einem „protestantischen“ Impuls, den wir alle als Reaktion auf den Konformitätsdruck der Gesellschaft teilen können. Selbst den chauvinistischen, anti-europäischen Aperçus Thoreaus kann Emerson etwas abgewinnen. Sie weisen den Yankee als überzeugten Amerikaner aus, darüber hinaus signalisieren sie eine Bodenhaftung, die dem Wissen entspringt, dass jeder dort am besten aufgehoben ist, wo er sich befindet. Die Gefahr, sich von den höfischen Musen Europas beeindrucken und versklaven zu lassen, war für Thoreau von vornherein gebannt.

Als „Junggeselle des Denkens und der Natur“ verkörpert Thoreau eine Vision, die wir auch dann teilen können, wenn wir ihr nicht im Einzelnen zu folgen vermögen. Das Kriterium der Repräsentativität schließt jedoch für Emerson stets auch ein Bewusstsein für die Diskrepanz ein, die die Großen vom Ideal des ganzen Menschen trennt. Jeder der Essays von *Representative Men* schlägt früher oder später von einer Hymne auf den Porträtierten in eine schonungslose Kritik an seinen Defiziten um. So auch die Thoreau-Rede. Dabei dürften die Spannungen, die sich im Laufe der Jahre zwischen einstigem Mentor und Schüler aufgebaut hatten, eine erhebliche Rolle spielen, aber Emerson wäre nicht Emerson, wenn es ihm nicht gelänge, aus dem Privaten das Grundsätzliche und Verbindliche herauszufiltern. Kann er Thoreaus Lokalpatriotismus und selbst seine ungeselligen Umgangsformen als – obgleich übertriebenen – Ausdruck einer im Grunde beneidenswerten inneren und äußeren Unabhängigkeit werten, so kennt er in einem anderen Punkt kein Pardon: Thoreau fehlte es an Ehrgeiz. Mit seinen praktischen Fähigkeiten wäre er geradezu verpflichtet gewesen, Großes für ganz Amerika zu leisten, statt sich damit zu begnügen, Freunde und Bekannte zum Heidelbeeren-Pflücken auszuführen. Ein Mann seines Kalibers hätte das Zeug dazu gehabt, Reiche („empires") statt immer nur Bohnen zu zerstampfen.

Ohne direkten Bezug knüpft Emerson hier an eine Episode vom Anfang der Rede an: Nachdem Thoreau für die Bleistiftmanufaktur seines Vaters einen Bleistift entwickelt hatte, der es nach Auskunft der Experten in Boston mit den besten Erzeugnissen der Londoner Hersteller aufnehmen konnte, glaubten seine Freunde, er sei ein gemachter Mann und habe eine erfolgreiche Zukunft als Unternehmer vor sich. Worauf Thoreau mit der Bemerkung abwinkte, er denke nicht daran, etwas zu wiederholen, was er einmal getan habe. Leser von *Walden* erinnern sich an den Schluss des Buches, wo der Autor nonchalant erklärt, er habe die Wälder aus ebenso guten Gründen verlassen, wie er sie aufgesucht habe; vielleicht habe er noch mehrere andere Leben vor sich.

Dass Thoreaus extremer Individualismus handfeste politische Folgen haben kann, zeigt sich neben seinem eigenen intensiven Engagement im Kampf gegen die Sklaverei an der enormen Langzeitwirkung des Essays „Civil Disobedience", der Widerstandsbewegungen und Bürgerrechtler in aller Welt (z. B. Gandhi, Tolstoj, Martin Luther King, Nelson Mandela) inspiriert hat. Ob sich mit einer solchen Einstellung eine demokratische Kultur begründen lässt, wird heute vor allem von den Kommunitaristen (Michael Walzer, Amitai Etzioni u. a.) bezweifelt. Emerson fand Thoreaus Steuerverweigerung und die Nacht im Gefängnis kindisch, gar selbstmörderisch; aus seiner Sicht hatte sich der Anführer von Heidelbeer-Exkursionen ins gesellschaftliche Abseits manövriert.

Lassen wir die Frage nach der Berechtigung von Emersons Kritik offen. Das dürfte ganz im Sinne des „Weisen von Concord" sein. Emersons Amerika zeichnet sich – wie das seiner Bewunderer Walt Whitman,

William James, John Dewey und, in unserer Zeit, Richard Rorty und E. L. Doctorow – vor allem durch eines aus: seine Offenheit.[6] In „Experience" (1844) spricht er denk- und merkwürdig von „this new, yet unapproachable America". „Neu" und „unerreichbar": Das sind Kriterien, die den Einzelnen wie das Kollektiv auf ein Handeln verpflichten, das sich einerseits allen Modellen, alten wie gegenwärtigen, entzieht (ohne sie zu verachten), das andererseits aber auch jede Festlegung auf fundamentalistische und imperialistische Ideologeme verweigert. Als pragmatischer, jeden Absolutheitsanspruch auflösender Entwurf ist das Amerika der hier in neuer Übersetzung vorliegenden Reden aktueller denn je.

Dieter Schulz

---

1 Vgl. Dieter Schulz, *Amerikanischer Transzendentalismus: Ralph Waldo Emerson, Henry David Thoreau, Margaret Fuller* (Darmstadt: Wiss. Buchgesellschaft, 1997).

2 Harold Bloom, *Agon: Towards a Theory of Revisionism* (New York: Oxford University Press, 1982), S. 145

3 Merton M. Sealts, Jr., hat darauf hingewiesen, dass Emersons Begriff der „action" an dieser Stelle weniger im Sinne von gesellschaftlich-politischem Engagement, sondern vielmehr als unmittelbare Erfahrung im gesellschaftlichen Umfeld – „firsthand experience of day-to-day living among one's contemporaries" – zu verstehen ist. Vgl. Sealts, *Emerson on the Scholar* (Columbia, MO: University of Missouri Press, 1992), 105.

4 Zur Aktualität dieses Ansatzes vgl. die im Anschluss an Hannah Arendt – und wie üblich ohne Kenntnis der amerikanischen Vordenker – entfalteten Überlegungen von Ludger Lütkehaus, *Natalität: Philosophie der Geburt* (Zug/Schweiz: Die Graue Edition, 2006).

5 Emersons Klage, wir redeten von der Offenbarung so, „als ob Gott tot sei", wird der Zarathustra des Emerson-Verehrers Nietzsche zum lapidaren „Gott ist tot!" zuspitzen.

6 Vgl. den glänzenden Essay von Herwig Friedl, „Kunstvoll einfache Denk-Bewegungen: Ein amerikanistischer Prolog zu einem Dialog zwischen Europa und Amerika", in: Astrid Böger / Georg Schiller / Nicole Schröder (Hgg.), *Dialoge zwischen Amerika und Europa: Transatlantische Perspektiven in Philosophie, Literatur, Kunst und Musik* (Tübingen: Francke, 2007), 17–44.

Ralph Waldo Emerson

Drei Ansprachen

Der amerikanische Gelehrte

1837

Herr Vorsitzender, meine Herren,

zur Wiederaufnahme unseres literarischen Jahres begrüße ich sie. Unser Jahrestag steht im Zeichen der Hoffnung und vielleicht nicht genug im Zeichen der Arbeit. Wir treffen uns nicht, um uns sportlich oder auf sonstige Weise zu messen, auch nicht zum Vortrag der Geschichte, von Tragödien und Oden wie bei den alten Griechen üblich. Auch geht es uns nicht um die Förderung der Wissenschaften, wie unseren Zeitgenossen in den britischen und europäischen Hauptstädten. Bis jetzt war unser Feiertag lediglich ein freundliches Signal, dass die Liebe zu den Büchern auch in einem Volk, das zu beschäftigt ist, um noch viel auf Bücher zu geben, noch immer lebendig ist. Er ist also ein wertvolles Zeichen eines unzerstörbaren Instinkts. Vielleicht ist die Zeit nun gekommen, in der aus ihm etwas anderes werden soll und werden wird, die Zeit, in der der träge Intellekt dieses Kontinents unter seinen schweren Lidern hervorblickt, um die bestehenden Erwartungen der Welt mit etwas anderem als der Ausübung mechanischer Fähigkeiten zu erfüllen. Die Zeit unserer Abhängigkeit, in der wir bei anderen Ländern in die Lehre gingen, geht zu Ende. Die Millionen, die um uns herum ins Leben treten, können nicht ewig von fremder Ernte ernährt werden. Ereignisse und Taten geschehen, die besungen werden müssen, ja die sich selbst besingen. Wer kann daran zweifeln, dass die Literatur wieder auferstehen und uns den Weg in ein neues Zeitalter leuchten wird wie der Stern im Sternbild der Leier, das jetzt im Zenit leuchtet, eines Tages der Leitstern für tausend Jahre sein wird, wie es die Astronomen verkünden?

In dieser Hoffnung nehme ich mich eines Themas an, das nicht nur seine praktische Bedeutung, sondern auch die Art unserer Gesellschaft nahezulegen scheint – dem *amerikanischen Gelehrten.* Jedes Jahr kommen wir hierher, um ein weiteres Kapitel in seiner Biografie zu lesen. Lassen sie uns heute sein Naturell und seine Hoffnungen im Licht der neueren Zeit und Entwicklungen untersuchen.

Es ist eine jener Sagen, die seit dem dunkelsten Altertum die überraschende Weisheit überliefern, dass die Götter anfänglich aus dem einen Menschen viele Menschen machten, damit der Mensch sich selbst nützlicher werde; so wie die Hand mehrere Finger hat, um ihren Zwecken gemäß benutzt werden zu können.

Dieser alte Mythos birgt eine Wahrheit, die ewig neu und erhaben ist: Dass es *einen Menschen* gibt, der in jedem Menschen nur teilweise oder nur in einzelnen Aspekten anwesend ist und dass man die ganze Gesellschaft betrachten muss, um diesen vollständigen Menschen zu erkennen. Dieser Mensch ist weder Bauer noch Professor, noch Ingenieur – er ist all das zugleich. Dieser Mensch ist Priester und Gelehrter, Politiker, Unternehmer und Soldat. Im *getrennten* oder sozialen Zustand sind diese Funktionen auf Individuen verteilt, von denen jedes danach strebt, seinen Teil der gemeinsamen Arbeit zu verrichten, während die anderen den ihren erledigen. Dem Mythos nach muss das Individuum seine eigene Tätigkeit mitunter ruhen lassen, um über sich selbst frei verfügen zu können und um sich mit allen anderen Arbeitern zu vereinen. Doch unglücklicherweise ist diese ursprüngliche Einheit, diese Quelle der Kraft, in so viele Stücke zersprungen und wurde so fein gegliedert und derart zerstreut, dass nur noch Tropfen von ihr übrig sind, die niemand mehr auffangen kann. Die Mitglieder der Gesellschaft, so wie sie existiert, gleichen amputierten Gliedmaßen, die als wandelnde Monstrositäten umherstolzieren – ein tauglicher Finger hier, ein Hals dort, hier ein Magen und dort ein Arm, doch nie ein ganzer Mensch.

Der Mensch ist so zum Ding geworden, zu vielen Dingen. Selten erheben und beglücken den Bauern, den Menschen des Feldes, der für Nahrung sorgt, Gedanken, die ihn an die wahre Würde seiner Tätigkeit erinnern. Er sieht nur seine Schaufel und seinen Karren und nichts darüber hinaus und er verblasst zum Bauern, anstatt *der Mensch* auf dem Bauernhof zu sein. Der Kaufmann findet in seiner Tätigkeit kaum ideellen Wert, sondern verliert sich in der Routine seines Berufs und seine Seele unterwirft sich dem Geld. Der Priester wird zum Ritual, der Anwalt zum Gesetzbuch, der Mechaniker zur Maschine, der Seemann zum Seil eines Schiffs.

In dieser Aufgabenverteilung wird dem Gelehrten der Intellekt zugewiesen. Im wahren Zustand ist er *der denkende Mensch*. Im verkümmerten Zustand jedoch, als Opfer der Gesellschaft, neigt er dazu, zum bloßen Denker oder, was noch schlimmer ist, zum Papagei der Gedanken anderer zu werden.

Sieht man ihn als *denkenden Menschen*, dann erschließt sich der ursprüngliche Sinn seiner Aufgabe. Die Natur zeigt ihm all ihre beruhigenden und warnenden Bilder, die Vergangenheit lehrt ihn, die Zukunft lädt ihn ein. Ist nicht jeder Mensch tatsächlich ein Studierender und existieren nicht alle Dinge zu seinem Nutzen? Und ist nicht der wahre Gelehrte der einzig wahre Lehrer? Doch wie das alte Orakel sagt: „Alle Dinge haben zwei Seiten; hüte dich vor der falschen." Zu oft irrt sich der Gelehrte wie andere Menschen und verwirkt so sein Privileg. Lasst ihn uns nun in seiner Schule betrachten und ihn mit Blick auf die maßgeblichen Einflüsse, die auf ihn wirken, untersuchen.

I. Den ersten und wichtigsten Einfluss übt die Natur auf seinen Geist aus. Jeden Tag scheint die Sonne und jede Nacht leuchten die Sterne. Stets bläst der Wind und stets wächst das Gras. Jeden Tag reden Männer und Frauen miteinander in wechselseitiger Verbindung. Von allen Menschen ist es der Gelehrte, der am stärksten von diesem Schauspiel eingenommen ist. Er muss sich dessen Wert vergegenwärtigen. Was bedeutet ihm die Natur? Es gibt keinen Anfang und kein Ende im unerklärlichen Fortbestehen von Gottes Netz, nur zyklische, immer wieder in sich selbst zurückströmende Energie. Darin gleicht die Natur seinem eigenen Geist, dessen Anfang und Ende der Gelehrte nie findet – so umfassend und grenzenlos ist er. Weithin leuchten ihre Wunder, System um System, wie Strahlen, aufwärts, abwärts, ohne Mittelpunkt und ohne Umfang. So will sich die Natur dem Betrachter im Ganzen und im Einzelnen offenbaren. Das ist der Anfang der Klassifizierung. Für den unerfahrenen Geist ist jedes Ding einzigartig und steht für sich allein. Nach und nach lernt er, zwei Dinge miteinander in Beziehung zu setzen und in ihnen ihre gemeinsame Natur zu entdecken, dann folgt ein drittes, schließlich sind es dreitausend. Und so fährt er fort, getrieben vom eigenen vereinenden Instinkt, Dinge zusammenzufügen, Abweichungen auszuschließen, unterirdische Wurzeln zu entdecken, nach denen gegensätzliche und ferne Dinge zusammengehören und derselben Quelle entspringen. Er lernt, dass es seit Anbeginn der Geschichte immer eine Anhäufung und Klassifizierung von Tatsachen gab. Was sonst ist Klassifizierung als die Feststellung, dass diese Objekte nicht chaotisch sind, sondern demselben Gesetz folgen wie der menschliche Geist? Der Astronom entdeckt, dass sich die Planeten nach geometrischen Gesetzen bewegen, einer reinen Abstraktion des menschlichen Geistes. Der Chemiker entdeckt Harmonie und ein verständliches System in jeder Materie und in der Naturwissenschaft geht es darum, Analogien und Ähnlichkeiten auch in den am weitesten voneinander entfernten Teilen zu finden. Die strebsame Seele nimmt sich Zeit für jede noch so widerstrebende Tatsache; geduldig vereinfacht sie nacheinander alle ungewöhnlichen Strukturen und alle neuen Kräfte und ordnet sie in ihre Klassen und ihre Gesetze.

So belebt sie die weiten Räume der Natur bis in die kleinsten Fasern hinein mit ihrer Einsicht.

So scheint es ihm, dem Schüler unter dem weiten Himmel, dass er und die Natur aus derselben Wurzel wachsen; das eine wird zum Blatt, das andere zur Blüte und in jeder Ader regen sich Verwandtschaft und Sympathie. Und was ist diese Wurzel? Ist sie nicht die Seele der Seele? Ein zu verwegener Gedanke – ein zu kühner Traum! Doch wenn dieses spirituelle Licht noch mehr Gesetze der irdischen Naturen enthüllt, wenn der Mensch lernt, die Seele zu verehren und erkennt, dass die Naturphilosophie unserer Zeit nur das erste Tasten ihrer gigantischen Hand ist, dann wird sich sein Blick öffnen auf ein stetig wachsendes Wissen als Schöpfer. Er wird erkennen, dass die Natur das Gegenstück der Seele ist, die ihr bis in die Einzelheiten entspricht. Die eine ist das Siegel, die andere dessen Abdruck. Die Schönheit der Natur ist die Schönheit seines eigenen Geistes. Ihre Gesetze sind die seines Geistes. So wird die Natur zum Maßstab seiner Errungenschaften. Je geringer sein Wissen über die Natur ist, desto weniger verfügt er über seinen Geist. Und so werden das alte Gebot „Erkenne dich selbst!“ und das neue Gebot „Studiere die Natur!“ endlich zu ein und derselben Maxime.

II. Der nächste große Einfluss auf die Seele des Gelehrten ist der Geist der Vergangenheit – in welcher Form auch immer sich dieser Geist verkörpert, als Literatur, als Kunst oder in Institutionen. Bücher sind der klassische Ausdruck dieses Einflusses der Vergangenheit und vielleicht kommen wir der Sache näher und lernen die Bedeutung dieses Einflusses besser kennen, wenn wir ihren Wert isoliert betrachten.

Die Lehre von den Büchern ist edel. Der Gelehrte der Frühzeit nahm die Welt um sich herum wahr. Er dachte über sie nach, ordnete sie nach seinem Geist neu, beschrieb sie neu. Er nahm das Leben in sich auf und aus seinem Inneren strömte Wahrheit. Er erlebte flüchtige Momente, mit unsterblichen Gedanken antwortete er. Er traf auf Geschäftigkeit, von ihm ging Poesie. Was unbelebte Tatsache war, ist jetzt lebendiger Gedanke – unabhängig und frei. Er ist beständig, er fliegt, er inspiriert. Je tiefgründiger der Geist war, dem er entsprang, desto höher schwingt er sich in die Lüfte und desto länger klingt er nach.

Man könnte auch sagen, die Entwicklung hängt davon ab, wie weit sich Leben schon in Wahrheit umgewandelt hat. Je weiter der Prozess der Destillation fortgeschritten ist, desto reiner und unvergänglicher ist das Endprodukt. Doch ist nichts ganz perfekt. So wie keine Luftpumpe ein perfektes Vakuum erzeugen kann, kann kein Künstler Banales, Lokales, Vergängliches ganz aus seinem Buch verbannen. Er kann kein Buch reiner Gedanken schreiben, das einer fernen Nachkommenschaft oder einem späteren Zeitalter ebenso nützlich ist wie seinen Zeitgenossen. So erweist sich, dass jedes Zeitalter seine eigenen Bücher schreiben muss. Oder eher jede Generation für die nächste. Die Bücher einer älteren Epoche erfüllen diese Aufgabe nicht.

Doch hierin liegt ein großes Unglück. Das Heilige in dem Schöpfungsakt – dem Akt des Denkens – wird auf das Dokument übertragen. Den singenden Dichter hielt man für einen heiligen Mann: Also war sein Gesang ebenso heilig. Der Autor war gerecht und weise: Also wurde beschlossen, dass auch sein Buch perfekt sei. Und so verkommt die Liebe zum Helden zur Anbetung seiner Statue. Das Buch wird zu Gift und der Führer zum Tyrann. Hat sich der träge und verdrehte Geist der großen Masse, der nur langsam für die Vernunft zu gewinnen ist, erst einmal geöffnet und ist das Buch ins Zentrum seiner Aufmerksamkeit gerückt, dann hält er am Buch fest und schreit empört auf, sollte jemand wagen, es herabzusetzen. Schulen werden darauf gebaut. Andere Bücher werden darüber geschrieben, von Denkern und nicht von *denkenden Menschen*, von talentierten Menschen, die falsch ans Werk gehen, die von akzeptierten Dogmen ausgehen, nicht jedoch von ihrer eigenen Sicht auf die Dinge. Schwächliche junge Männer wachsen in den Bibliotheken heran, die glauben, es sei ihre Pflicht, die Ansichten Lockes, Ciceros und Bacons zu vertreten und sie vergessen dabei, dass Locke, Cicero und Bacon selbst nur junge Männer in Bibliotheken waren, als sie diese Bücher schrieben.

Folglich haben wir statt des *denkenden Menschen* den Bücherwurm. Folglich eine Klasse, deren Bildung nur Büchern entspringt, die Bücher um ihrer selbst willen schätzt; nicht um sich auf die Natur und das menschliche Leben zu beziehen, sondern um eine Art „dritten Stand“ neben der Welt und der Seele zu schaffen. Daher auch die vielen literarischen Zirkel, Kommentatoren und die Bibliomanen unterschiedlichen Grades.

Richtig benutzt sind Bücher die nützlichste Sache der Welt. Benutzt man sie falsch, werden sie zur schlimmsten. Doch wie verwendet man sie richtig? Welchem Zweck sollten sie dienen? Ihr einziger Zweck ist zu inspirieren. Lieber hätte ich nie ein Buch gesehen, als durch seine Reize aus meiner eigenen Bahn geworfen und so zum Satelliten, anstatt zum System zu werden. Wenn etwas in dieser Welt von Wert ist, dann ist es eine aktive Seele. Auf sie hat jeder Mensch ein Recht. Sie lebt in jedem Menschen, auch wenn sie in den meisten Menschen blockiert und noch ungeboren ist. Eine aktive Seele sieht die absolute Wahrheit, sie drückt Wahrheit aus und ist schöpferisch. Diese Tat ist ihr Genius; sie ist kein Privileg von wenigen hier und da, sondern das Grundrecht jedes Menschen. Sie ist naturgemäß dem Fortschritt zugewandt. Das Buch, die

Schule, die Kunstakademie und überhaupt jede Art von Institution belassen es bei einer vergangenen Äußerung des schöpferischen Geistes. Das, was wir haben, ist gut, sagen sie – lasst uns dabei bleiben! Diese Institutionen drücken mich nieder. Sie schauen zurück und nicht nach vorn. Doch der schöpferische Geist schaut nach vorn: Die Augen des Menschen sind nach vorne und nicht nach hinten gerichtet. Der Mensch hofft, doch der Genius erschafft. Egal was für Talente vorhanden sind, wenn der Mensch nicht schöpferisch ist, durchströmt ihn nicht der Geist des Seins – und wo Rauch und Asche sind, da ist noch keine Flamme. Es gibt schöpferische Haltungen, schöpferische Handlungen und schöpferische Worte; es sind dies Haltungen, Handlungen und Worte, die sich nicht auf Gewohnheit oder Autorität zurückführen lassen, sondern die spontan dem eigenen Geist und dem Sinn für das Gute und Richtige entspringen.

Empfängt jedoch die Seele, anstatt ihr eigener Seher zu sein, nur die Wahrheit eines anderen großen Geistes und ist sie ohne Zeiten der Einsamkeit, der Selbstprüfung und Erholung dessen überstrahlendem Licht ausgesetzt, so ist dies ein Unglück. Zuviel Macht eines schöpferischen Geistes über einen anderen verdirbt die schöpferische Kraft. Die Literatur jeder Nation zeugt davon. Die englischen Dramatiker haben jetzt zweihundert Jahre lang shakespearisiert.

Zweifellos ist Lesen wichtig, solange man sich nicht in ihm verliert. Der *denkende Mensch* darf sich nicht seinen Werkzeugen unterwerfen. Die Bücher sind für die Freizeit des Gelehrten da. Wenn er Gott direkt lesen kann, dann ist die Zeit zu kostbar, um sie mit den Aufzeichnungen anderer Menschen zu verschwenden. Doch in den Zeiten der Dunkelheit – wenn die Sonne sich verbirgt und die Sterne uns ihren Glanz entziehen – greifen wir erneut zu den Lampen, die sie entzündete und lenken unsere Schritte nach Osten, der Morgendämmerung entgegen. Wir hören, damit wir sprechen können. Ein arabisches Sprichwort sagt: „Wenn ein Feigenbaum, einen Feigenbaum sieht, trägt er Früchte."

Die besten Bücher bescheren uns eine herrliche Art des Vergnügens. Sie verblüffen uns mit dem Eindruck, dass es ein und dasselbe Wesen ist, das einst schrieb und jetzt liest. Wir lesen die Verse eines der großen englischen Poeten, von Chaucer, Marvell, Dryden, mit dem modernsten Vergnügen – mit einem Vergnügen, das vor allem daher rührt, dass *die Zeit* in ihren Versen nicht wirkt. Ehrfurcht und ein freudiges Überraschen stellen sich ein, wenn dieser Dichter, der in einer vergangenen Welt lebte, vor zwei- oder dreihundert Jahren, das sagt, was meiner eigenen Seele so nahe ist, dass ich es beinahe selbst gedacht und gesagt hätte. Wegen dieser Offensichtlichkeit, die die philosophische Doktrin stützt, nach der alle Geister eins sind, können wir eine festgelegte Harmonie voraussetzen, eine Voraussicht auf ungeborene Seelen und eine Bevorratung für deren zukünftige Bedürfnisse, ähnlich wie man sie bei Insekten beobachtet, die vor ihrem Tod Nahrung sammeln für Larven, die sie niemals sehen werden.

Vor lauter Liebe zur natürlichen Einheit und Hochschätzung des Instinkts will ich mich jedoch nicht dazu hinreißen lassen, das Buch zu unterschätzen. Wir alle wissen, dass der Geist mit jeglichem Wissen gefüttert werden kann. Darin ist er wie der menschliche Köper, der sich auch von gekochtem Gras oder Brühe aus alten Schuhen ernährt. Und es hat große und heroische Menschen gegeben, denen außer bedruckten Seiten fast keine Informationen zur Verfügung standen. Für diese Art von Diät bedarf es jedoch eines starken Willens. Um gut lesen zu können, muss man erfinderisch sein. Wie das Sprichwort sagt: „Wer die Reichtümer Indiens heimbringen will, muss sie tragen können." Wie es das schöpferische Schreiben gibt, so gibt es auch das schöpferische Lesen. Ist der Geist durch Anstrengung und Einfallsreichtum gestärkt, dann wird die Seite jedes Buches, das wir lesen, von vielfältigen Anspielungen erhellt. Jeder Satz ist doppelt bedeutsam und der Verstand unseres Autors umfasst die ganze Welt. Dann sehen wir, was immer wahr ist, dass die Stunden der Hellsicht für den Seher in schweren Tagen und Monaten kurz und selten sind und dass ihre Aufzeichnung vielleicht nur den kleinsten Teil des Buches ausmacht. Der kritische Geist wird in Plato oder Shakespeare nur diesen kleinen Teil – nur die echten Äußerungen des Sehers – lesen und den Rest ignorieren, auch wenn es sich um Plato oder Shakespeare handelt.

Natürlich ist ein gewisses Maß an Lektüre für einen weisen Menschen unerlässlich. Die Geschichte und die exakten Wissenschaften erfordern fleißiges Lesen. Die unverzichtbare Aufgabe unserer höheren Schulen liegt darin, Grundlagen zu vermitteln. Aber sie dienen uns nur, wenn es ihre Absicht ist, etwas Neues zu erschaffen und nicht zu drillen, wenn sie die Strahlen schöpferischer Geister von weit her in ihre Hallen einladen und an diesen konzentrierten Feuern die Herzen der Jugend entflammen. Für Geist und Wissen sind Schulausstattungen und akademische Anmaßungen ohne Belang. Talare und Stiftungsvermögen, auch wenn sie Städte aus Gold errichten, wiegen niemals auch nur einen Satz oder eine Silbe wahren Geistes auf. Wenn wir das vergessen, werden unsere amerikanischen Universitäten ihre Bedeutung für die Allgemeinheit verlieren, auch wenn sie jedes Jahr reicher werden.

III. In der Gesellschaft kursiert die Vorstellung, der Gelehrte sei als kränklicher Einsiedler für handwerkliche Arbeit oder öffentliche Aufgaben so ungeeignet wie ein Taschenmesser für die Aufgaben einer Axt. Die sogenannten „Praktiker" spotten über die Geistesmenschen, als ob diese unfähig seien zu handeln, nur weil sie forschen oder *sehen*. Ich habe Leute sagen hören, dass Geistliche – die stets mehr als jede andere Klasse die Gelehrten ihrer Zeit sind – wie Frauen angesprochen werden und dass sie die raue, spontane Sprache der Männer nicht hören, sondern nur gezierte und milde Worte. Oft werden sie praktisch entrechtet und es gibt in der Tat Verfechter ihres Zölibats. Mit Blick auf die Gelehrten ist dieses Urteil jedoch weder klug noch gerecht. Zwar ist die Tat für den Gelehrten zweitrangig, doch ist sie essenziell. Ohne die Tat ist er noch kein Mensch. Ohne sie reift der Gedanke niemals zur Wahrheit. Solange die Welt noch wie eine schöne Wolke vor unseren Augen steht, können wir ihre Schönheit nicht erkennen. Untätigkeit ist Feigheit und einen Gelehrten ohne heldenhaften Geist kann es nicht geben. Die Vorstufe des Gedankens, die Phase seiner Transformation vom Unbewussten zum Bewussten, ist die Handlung. Ich weiß nur, was ich selbst erlebt habe. Wir merken sofort, wessen Worte mit Leben erfüllt sind und wessen nicht.

Die Welt – der Schatten der Seele oder *das andere Ich* – liegt weit um uns herum. Ihre Reize sind der Schlüssel zu meinen Gedanken und machen mich mit mir selbst bekannt. Ungeduldig stürze ich mich in den lärmenden Tumult. Ich ergreife die Hände derer, die mir nahe sind, und reihe mich ein, um mit zu leiden und zu arbeiten, geleitet von einem Instinkt, der den dumpfen Abgrund mit Sprache übertönt. Ich durchschaue die Ordnung der Welt, ich zerstreue ihre Furcht, ich überwinde sie im größer werdenden Kreis meines Lebens. Vom Leben weiß ich nur soviel, wie ich erfahren habe. Je mehr ich von der Wildnis urbar gemacht und kultiviert habe, desto mehr dehne ich meine Existenz und meinen Einfluss aus. Ich verstehe nicht, wie jemand wegen seiner Nerven oder wegen eines Schläfchens auf die Beteiligung an Aktivitäten verzichten kann. Taten sind die Perlen und Edelsteine des gemeinsamen Gesprächs. Anstrengungen, Unglück, Ärger und Wünsche lehren uns Beredsamkeit und Weisheit. Der wahre Gelehrte bedauerte jede verpasste Chance zur Handlung als einen Verlust von Macht und Einfluss.

Die Handlung ist der Rohstoff, aus dem der Intellekt seine wunderbaren Früchte formt. Wie sich Erfahrung in einen Gedanken verwandelt, so verwandelt sich ein Maulbeerblatt in Seide. Diese eigenartigen, seltsamen Verwandlungen finden immer statt.

Die Taten und Ereignisse unserer Kindheit und Jugend sind heute Gegenstand unserer ruhigsten Betrachtung. Wie heitere Bilder schweben sie in der Luft. Mit den gerade erst zurückliegenden Handlungen, mit den Angelegenheiten, mit denen wir uns im Moment beschäftigen, verhält es sich anders. Wir können kaum Vermutungen über sie anstellen. Unsere Gefühle umkreisen sie noch. Wir fühlen und wissen nicht mehr von ihnen als von unseren tätigen Händen und Füßen oder unserem aktiven Gehirn. Die neue Handlung ist noch Teil des Lebens – bleibt noch eine Zeit lang in unser unbewusstes Leben verwickelt. Und dann, in einer Stunde ruhiger Kontemplation, löst sie sich vom Leben wie eine reife Frucht, um ein Gedanke im Geist zu werden. Sofort wird sie erhaben und verklärt; was verderblich war, ist unverderblich geworden. Von nun an ist dieses Erlebnis ein Objekt der Schönheit, egal aus welch gewöhnlichem Ursprung und in welch gewöhnlichem Umfeld es entstand. Man beachte auch, wie unmöglich es ist, diesen Prozess zu beschleunigen. Die Larve kann noch nicht fliegen, kann noch nicht leuchten, sie ist nur eine unbeholfene Larve. Doch plötzlich und unbeobachtet entfaltet eben dieses Wesen schöne Flügel und wird zu einem Schmetterling der Weisheit. So gibt es kein Erlebnis in unserer persönlichen Entwicklung, das nicht früher oder später seine verhaftete und träge Form verliert und uns dadurch erstaunt, dass es sich von unserem Körper in die höchsten Himmel erhebt. Die Wiege und die Kindheit, die Schule und der Spielplatz, die Furcht vor Lausbuben, Hunden und Strafen, die Liebe zu kleinen Mädchen und Beeren und viele andere Dinge, die einst den ganzen Himmel ausfüllten, sind vergangen. Freunde und Verwandte, Beruf und Gesellschaft, Stadt und Land, Nation und Welt müssen sich ebenso in die Höhe schwingen, um zu leuchten.

Natürlich wird demjenigen am meisten Weisheit zuteil, der seine ganze Stärke in angemessene Taten investiert. Ich werde mich nicht von der Sphäre der Handlung ausschließen und eine Eiche in einen Blumentopf pflanzen, damit sie dort hungert und kümmert. Auch werde ich mich nicht auf eine einzige Fähigkeit verlassen und eine Idee erschöpfen, wie es die Savoyarden taten, als sie ganz Europa mit geschnitzten Schäfern, Schäferinnen und rauchenden Holländern versorgten: Eines Tages gingen sie in die Berge um neues Schnitzholz zu holen und stellten fest, dass es keine Bäume mehr gab. Wir haben viele Autoren, die sich literarisch erschöpft haben und die dann von lobenswerter Klugheit geleitet nach Griechenland oder Palästina segelten, Trappern in die Wildnis folgten oder durch Algerien wanderten, um so ihr verkäufliches Material aufzustocken.

Ginge es um den Wortschatz, dann wäre der Gelehrte begierig auf Taten. Das Leben ist unser Wörterbuch. Man tut gut daran, Jahre mit Landarbeit oder in Städten zu verbringen, sich Einblick in Gewerbe und Handwerk zu verschaffen, in die Wissenschaften und Künste, in freiem

Austausch mit vielen Männern und Frauen und alles mit dem Ziel, eine Sprache zu erlernen, die unsere Wahrnehmungen schildert und verkörpert. Bei jedem Redner bemerke ich durch die Armut oder den Reichtum seiner Sprache sofort, wie viel er schon erlebt hat. Das Leben liegt hinter uns wie ein Steinbruch, aus dem wir Ziegel und Steine für die Maurerarbeit des Heute beziehen. So erlernt man den richtigen Gebrauch der Sprache. Höhere Schulen und Bücher kopieren nur die Sprache, die auf dem Feld und in der Werkstatt geschaffen wurde.

Doch der höchste Wert der Handlung liegt darin, dass sie eine Ressource ist und sie übertrifft darin die Bücher. Das große Prinzip der Schwungbewegung, das sich im Ein und Aus unseres Atems zeigt, in Verlangen und Erfüllung, in Ebbe und Flut des Meeres, im Wechsel von Tag und Nacht und noch tiefer verborgen in jedem Atom und jeder Flüssigkeit, ist uns unter dem Begriff der Polarität bekannt – diese „Impulse von leichter Übertragung und Reflexion", wie Newton sie nannte, sind ein Gesetz der Natur, weil sie ein Gesetz des Geistes sind.

Jetzt denkt der Geist, jetzt handelt er und jeder Impuls bringt den anderen hervor. Wenn dem Künstler seine Themen ausgehen, wenn die Fantasie nicht mehr malt, wenn ihm keine Gedanken mehr kommen und er der Bücher überdrüssig ist – dann bleibt ihm immer noch die Möglichkeit *zu leben.* Der Charakter ist dem Intellekt übergeordnet. Das Denken ist eine Funktion, das Leben die Grundlage aller Funktionen. Der Strom lebt aus seiner Quelle. Eine große Seele ist im Leben wie im Denken stark. Fehlt einem solchen Menschen das Organ oder das Medium, um seine Wahrheiten zu vermitteln, so kann er immer noch auf die elementare Kraft zurückgreifen und einfach nur leben. Das ist eine absolute Handlung. Denken ist eine partielle Handlung. Möge er die Größe der Gerechtigkeit in seinen Angelegenheiten leuchten lassen! Möge die

Schönheit der Zuneigung sein bescheidenes Heim mit Freude erfüllen! Die, die nicht im Rampenlicht stehen und mit ihm leben und mit ihm handeln, werden die Macht seiner Persönlichkeit im Alltäglichen besser erspüren als jede Öffentlichkeit. Die Zeit wird den Gelehrten lehren, dass keine Stunde, in der er lebt, verschwendet ist. Denn hier entfaltet sich der Keimling seines Instinkts unbeeinflusst. Was dem Gelehrten an äußerem Glanz verloren geht, gewinnt er an innerer Stärke. Der hilfreiche Riese, der das Alte zerstört oder das Neue aufbaut, kommt nicht aus dem Kreis derer, an denen sich die Erziehungseinrichtungen mit ihrer Kultur erschöpfen, sondern aus der freien und wilden Natur. Aus schrecklichen Druiden und Berserkern werden schließlich Alfred und Shakespeare.

Daher höre ich mit großer Freude, was man neuerdings über die Würde und Notwendigkeit der Arbeit im Leben jedes Bürgers sagt. Tugend liegt auch in körperlicher Arbeit, für gelernte wie für ungelernte Hände. Richtige Arbeit ist überall willkommen und wir werden stets dazu ermutigt mitzutun. Mit einer Einschränkung: Um größerer Aktivitäten willen sollte niemand je seine eigenen Ansichten der Meinung der Masse und den gängigen Moden opfern.

Ich habe von der Bildung des Gelehrten durch die Natur, durch Bücher und durch Taten gesprochen. Es bleibt mir noch auf seine Pflichten einzugehen.

Sie unterstützen ihn, zu einem *denkenden Menschen* zu werden. Sie fordern von ihm zusammengefasst: Selbstvertrauen. Die Aufgabe des Gelehrten ist es zu ermutigen, zu erheben und Menschen zu führen, indem er ihnen die Tatsachen in den Erscheinungen zeigt. Er übt die langsame, nicht beachtete und unbezahlte Arbeit des Beobachtens aus. Flamsteed und Herschel mochten in ihren gläsernen Sternwarten zur

Freude aller die Sterne katalogisieren, und da ihre Ergebnisse großartig und nützlich waren, war ihnen Ehre gewiss. Doch der Gelehrte katalogisiert in seinem privaten Observatorium die unbekannten und verdunkelten Sterne des menschlichen Geistes, woran bis jetzt noch niemand dachte. Er beobachtet Tage und Monate, manchmal nur für einige wenige Tatsachen, stets seine alten Berichte korrigierend. Er muss auf Ehre und schnellen Ruhm verzichten. Während dieser Vorbereitung begegnen ihm häufig der Unwille und die Starrheit der etablierten Wissenschaften und Künste und er wird von deren Vertretern verächtlich an den Rand gedrängt. Unsicher sucht er nach seiner Sprache und oft muss er den Toten den Vorrang vor den Lebenden geben. Doch, was noch schlimmer ist: Zu oft, allzu oft, lebt er in Armut und Einsamkeit! Er tauscht das leichte Vergnügen, die alten ausgetretenen Pfade zu gehen und den Moden, der Bildung und dem Glauben der Gesellschaft zu folgen, gegen die große Bürde seines eigenen Weges. Selbstanklage, Ohnmacht, Ungewissheit und Zeitverlust sind die Dornen auf seinem unabhängigen, selbst bestimmten Weg. Und so lebt er in ständigem Gegensatz zur Gesellschaft, besonders zu ihren gebildeten Kreisen. Und was gleicht diesen Verlust und Spott aus? Er findet Trost darin, dass er die höchste Aufgabe der menschlichen Natur wahrnimmt. Er ist jemand, der sich über persönliche Belange erhebt und von erhabenen Gedanken lebt, die von allgemeinem Interesse sind. Er ist das Auge der Welt. Er ist das Herz der Welt. Er widersteht der gemeinen Gewinnsucht, die stets zur Barbarei zurückführt, indem er heroische Gefühle, die Lebensläufe bedeutender Menschen, Dichtungen und Erkenntnisse aus der Geschichte aufzeichnet und vermittelt. Er bewahrt die Weisheiten des Herzens, die der Not und die der ernsten Stunden als Kommentare zur Welt der Taten und trägt sie in die Zukunft fort. Und jedes neue Urteil, das die Vernunft von ihrem heiligen Sitz aus über die Menschen und Ereignisse seiner Tage spricht – er wird es vernehmen und verbreiten.

Da dies seine Aufgaben sind, ist es wichtig, dass er sich stets selbst vertraut und nie dem Ruf der Masse folgt. Er und nur er alleine kennt die Welt. Eine Etikette, der Fetisch einer Regierung, irgendein vergänglicher Handel, Krieg oder Mensch, möge von der einen Hälfte der Menschheit bejubelt und von der anderen niedergeschrien werden, als ob alles von diesem Urteil abhinge. Wahrscheinlich ist die ganze Angelegenheit nicht den flüchtigsten Gedanken des Gelehrten wert. Er sollte immer erkennen, dass ein Spielzeuggewehr ein Spielzeuggewehr ist, auch wenn die Altehrwürdigen der Welt davon reden, als handele es sich bei der Sache um den Beginn des Weltuntergangs. Still und beständig, in strenger Abstraktion, möge er sich selbst treu bleiben und Beobachtung um Beobachtung zueinander fügen und Missachtung und Ablehnung mit Geduld ertragen. Er möge auf seine Zeit warten – und damit zufrieden sein, dass er auch heute etwas von der Wahrheit gesehen hat. Der Erfolg wird jedem richtigen Schritt folgen. Denn der Instinkt, der es ihm erlaubt, seinem Bruder ins Gesicht zu sagen, was er denkt, ist sich sicher. So lernt er, in die Geheimnisse seines eigenen Geistes hinunterzusteigen, und erkennt, dass sie die Geheimnisse aller Geister sind. Er erkennt, dass derjenige, der die Gesetze seines persönlichen Lebens meistert, für alle Menschen ein Meister ist, deren Sprache er spricht und die sein Denken in Übersetzungen erreicht. Der Dichter, der sich in Einsamkeit seiner spontanen Gedanken besinnt und diese niederschreibt, hält auch fest, was Menschen in den überfüllten Städten als wahr empfinden. Der Redner zweifelt zunächst an seinen offenen Worten, denn er kennt die Bedürfnisse seiner Zuhörer nicht. Doch bald stellt er fest, dass er ihr Gegenstück ist; sie hängen an seinen Lippen, weil er ihnen ihre eigene

Natur aufschließt. Je tiefer er sich auf seine persönliche, geheime Ahnung einlässt – so erkennt er erstaunt – desto mehr berührt er, was annehmbar und allgemein wahr ist. Die Menschen erfreuen sich daran und der bessere Teil in ihnen fühlt: „Das ist meine Musik, das bin ich!"

Im Selbstvertrauen sind alle Tugenden zusammengefasst. Frei sollte der Gelehrte sein – frei und mutig! Frei, gerade im Sinne der Definition von Freiheit, als „ohne irgendeine Einschränkung, außer der, die aus der eigenen Veranlagung folgt." Mutig, denn Furcht muss der Gelehrte schon durch seine gesellschaftliche Funktion überwinden. Furcht wurzelt stets in Unwissenheit. Es ist eine Schande, wenn die Gelassenheit des Gelehrten in gefährlichen Zeiten daher rührt, dass er glaubt, seiner Klasse stünde wie Frauen und Kindern besonderer Schutz zu. Oder wenn er sich vorübergehenden Frieden verschafft, indem er sich von Politik oder schwierigen gesellschaftlichen Fragen abwendet und seinen Kopf wie ein Vogelstrauß in den Sand steckt, in Mikroskope blickt und Reime schmiedet, wie ein kleiner Junge, der pfeift, um sich selbst Mut zu machen. Wenn auch die Gefahr eine Gefahr bleibt, so ist Furcht das größere Übel. Und mutig soll er sich der Gefahr stellen. Er soll ihr ins Auge sehen, ihren Ursprung untersuchen – das Kätzchen betrachten, das der Löwe noch vor kurzem war – und er wird ein vollkommenes Verständnis ihrer Natur und ihres Ausmaßes finden, er wird sie umfassen, ihr trotzen und überlegen weitergehen. Die Welt gehört dem, der ihre Trugbilder durchschaut. Jede Taubheit, jede alte erstarrte Regel, jeder erdenkliche unnötige Fehler ist da, weil er geduldet wird – von dir geduldet wird. Erkenne ihn als Lüge und er ist vernichtet.

Ja, wir sind eingeschüchtert und haben kein Vertrauen. Dass wir erst spät in die Natur gekommen sind und dass die Welt schon lange vorher vollendet war, sind verhängnisvolle Ansichten. Wie die Welt in Gottes

Händen noch flüssig und plastisch war, so ist sie es auch heute noch, wenn wir seine Eigenschaften an sie herantragen. Für Dummheit und Sünde ist sie hart wie Feuerstein. Mögen diese sich ihr anpassen, wie sie wollen, doch je mehr an Göttlichem ein Mensch in sich trägt, desto klarer wird das Firmament vor ihm zerfließen und seine Form, die Form seines Siegels annehmen. Nicht der ist groß, der die äußere Welt verändert, sondern der, der mein Inneres verändert. Diejenigen sind Könige der Welt, die die ganze Natur und die ganze Kunst in die Farben ihrer lebendigen Gedanken tauchen und dadurch alle Menschen, fröhlich und gelassen, für die Ansicht gewinnen, dass sie selbst es sind, die den Apfel pflücken, der seit Zeitaltern geerntet werden wollte und der, jetzt endlich reif, alle Nationen zur Ernte einlädt. Ein großer Mensch schafft große Dinge. Wo Macdonald sitzt, da ist der Kopf der Tafel. Bei Linné wird aus der Botanik die faszinierendste Wissenschaft und sie wird von Bauern und Kräuterfrauen angeregt. Bei Davy ist es die Chemie, bei Cuvier die Paläontologie. Dem gehört der Tag, der ihn gelassen und mit großen Zielen gewinnt. Die unbeständigen Meinungen der Menschen binden sich an denjenigen, in dessen Geist die Wahrheit herrscht, wie die Gezeiten des Meeres an den Lauf des Mondes.

Der Grund für dieses Selbstvertrauen ist tiefer als man je ermessen kann und dunkler als man je erhellen kann. Vielleicht folgen mir meine Zuhörer nicht, wenn ich meine persönliche Überzeugung darlege. Doch ich habe den Grund meiner Hoffnung schon erklärt, als ich auf die Lehre, wonach der Mensch eins ist, hingewiesen habe. Ich glaube, dass man dem Menschen geschadet hat; er hat sich selbst geschadet. Er hat das Licht schon fast aus den Augen verloren, das ihn zu seinen vornehmsten Rechten zurückführen kann. Menschen haben keine Bedeutung mehr. In der Geschichte und in der heutigen Welt sind die Menschen wie Insekten und Käfer, nur Brut, und man nennt sie „die Masse“ und „die Herde“. In einem Jahrhundert, in einem Jahrtausend ein oder zwei Menschen, die der Bestimmung jedes Menschen nahe kommen! Alle übrigen erblicken im Helden oder Dichter die gereifte Form ihrer eigenen noch grünen und rohen Existenz und sie sind zufrieden damit, geringer zu sein, damit *jener* seine volle Größe erlangt. Was für ein Zeugnis für eine duldsame und ertragende Natur – voller Größe, voller Elend – legen so das arme Stammesmitglied und der arme Mitläufer ab, die sich am Ruhm ihres Häuptlings erfreuen! In ihrer immensen moralischen Kraft finden die Armen und Erniedrigten eine Wiedergutmachung für ihr Sich-Ergeben in die politische und soziale Abhängigkeit. Sie akzeptieren es, wie Fliegen aus dem Weg einer großen Persönlichkeit gefegt zu werden, damit diese der allgemeinen Natur eine Gerechtigkeit verschafft, die alle vermehrt und erhöht sehen wollen. Sie sonnen sich im Licht eines großen Menschen und sehen dies als ihr eigenes Element. Sie lassen einen Helden die Würde ihrer erniedrigten Leben schultern und sind bereit, sich für einen Tropfen Blut zu opfern, der sein Herz stärker schlagen lässt, und seine Sehnen dehnbarer macht, ihn zu noch größeren Eroberungen führt. Er lebt für uns und wir leben in ihm.

Wie die Menschen nun einmal sind, streben sie nach Geld und Macht und nach Macht vor allem deshalb, weil sie Geld einbringt – „den Profit eines Amtes“, wie man sagt. Und warum nicht? Denn sie streben nach dem Höchsten und dies ist für sie, in ihrer Schlafwandelei, das Höchste. Weck sie auf und sie wenden sich von dem Betrug ab und der Wahrheit zu und überlassen die Regierung den Beamten und Schreibtischen. Diese Revolution sollte durch die allmähliche Einführung der Idee der Kultur herbeigeführt werden. Das wichtigste Unternehmen für eine Welt voller Glanz und Wachstum ist der Aufbau des Menschen. Hier liegen die Baumaterialien am Boden verstreut. Das Leben eines einzelnen Menschen soll eine glanzvollere Monarchie – seinen Feinden noch eindrucksvoller, und noch wohltuender und beruhigender im Einfluss auf das Leben seiner Freunde sein, als alle Königreiche der Geschichte. Denn ein Mensch, im richtigen Licht betrachtet, vereint in sich die unterschiedlichen Naturen aller Menschen. Jeder Philosoph, jeder Dichter, jeder Schauspieler hat nur für mich getan, was ich eines Tages selbst tun kann, so als sei er mein Vertreter. Die Bücher, die wir einst noch höher als unsere Augäpfel schätzten, sind fast erschöpft. Das bedeutet nichts anderes, als dass wir den universellen Blickwinkel des Geistes durch die Augen eines Schreibenden eingenommen haben. Wir sind dieser Mensch und setzen unseren Weg fort. Erst einer, dann der nächste. So trinken wir aus allen Brunnen und da wir durch diese Speise weiter wachsen, verlangen wir nach immer besserer und reicherer Nahrung. Es gibt keinen einzelnen Menschen, der uns immer und ewig ernähren könnte. Der menschliche Geist kann nicht in einer Person gebunden werden, die sein unbegrenzbares Reich zu begrenzen sucht. Er ist wie ein zentrales Feuer, das einmal aus dem Schlund des Ätna schlägt und die Küsten Siziliens beleuchtet und ein andermal die Türme und Weinberge von Neapel, befeuert aus dem Rachen des Vesuvs. Es ist ein einziges Licht, das von tausend Sternen strahlt. Es ist eine einzige Seele, die alle Menschen belebt.

Aber vielleicht habe ich zu lange zum Gelehrten gesprochen. Ich will jetzt nicht länger zögern und das hinzufügen, was ich in Bezug auf unsere Zeit und unser Land zu sagen habe.

Man nimmt an, dass es historisch gesehen Unterschiede zwischen den Ideen gibt, die in verschiedenen Epochen herrschen und es gibt Gesichtspunkte, nach denen man den Geist des klassischen, des romantischen und nun des reflektierenden oder philosophischen Zeitalters ordnet. In meiner Darstellung der Einheit oder der Identität des Geistes in allen Individuen bin ich auf diese Unterschiede kaum eingegangen. In der Tat glaube ich, dass jedes Individuum alle drei Phasen durchläuft. Das Kind ist ein Grieche, die Jugend romantisch und der Erwachsene reflektiert. Ich bestreite damit aber nicht, dass eine Transformation des je herrschenden Gedankens deutlich wahrgenommen werden kann.

Unsere Zeit wird als Zeitalter der Introspektion beklagt. Ist dies zwangsläufig schlecht? Anscheinend sind wir kritisch. Zu viel Nachdenken erschüttert uns. Wir können uns an nichts mehr erfreuen, weil wir darüber grübeln, woher unsere Freude kommt. Wir sind nur noch Augen und sehen sogar mit den Füßen! Die Zeit ist von Hamlets Elend infiziert – „angekränkelt von des Gedankens Blässe."

Ist das so schlimm? Dass wir sehen können, muss nicht bedauert werden! Wollen wir blind sein? Befürchten wir Gott und Natur leer zu sehen und alle Wahrheit auszutrinken? Die Unzufriedenheit der Literaten rührt meiner Meinung nach daher, dass sie sich nicht mehr im Einklang mit ihren Vätern befinden und das Neue im neuen Zeitalter fürchten. Sie kennen es noch nicht. Sie fürchten es, wie ein Kind das Wasser fürchtet, bevor es zu schwimmen gelernt hat. Gäbe es eine Zeit, in der man sich wünschte, geboren zu sein, wäre es nicht das Zeitalter der Revolution? Wenn das Alte und das Neue nebeneinander stehen und direkt vergleichbar sind? Wenn Furcht und Hoffnung die Kräfte aller Menschen durchdringen? Wenn der geschichtliche Glanz des Alten, durch die reichen Möglichkeiten des Neuen aufgewogen wird? Unsere Zeit ist – wie alle Zeiten – eine gute, wenn wir ihre Chancen nur nutzen.

Mit Freude sehe ich die vielversprechenden Zeichen der Zukunft, die schon jetzt in Poesie und Kunst, in Philosophie und Wissenschaft, Kirche und Staat aufleuchten.

Eines dieser Zeichen ist, dass dieselbe Bewegung, die zur Verbesserung der Lebensbedingungen der sogenannten untersten Klasse im Staat angetreten ist, auch in der Literatur ihre deutlichen und vorteilhaften Spuren hinterlässt. Anstatt des Erhabenen und Schönen wird das Nahe, das Geringe, das Gewöhnliche erforscht und bedichtet. Das, was stets von jenen, die sich für lange Reisen in ferne Länder rüsteten, nachlässig mit Füßen getreten wurde, gilt plötzlich als reichhaltiger als alle fremden Weltgegenden. Die Literatur der Armen, die Gefühle des Kindes, die Philosophie der Straße, die Bedeutung des alltäglichen Lebens – das sind die Themen unserer Zeit! Das ist ein großer Schritt. Ist es nicht ein Zeichen neuer Lebenskraft, wenn sich die Glieder beleben und neue Ströme warmen Blutes durch Hände und Füße fließen? Ich frage nicht nach dem Erhabenen, dem Fernen, dem Romantischen, nach dem, was man in Italien oder Arabien macht, was griechische Kunst ist oder provenzalischer Minnesang. Ich begrüße das Gewöhnliche, will das Alltägliche und Niedere erkunden und zu seinen Füßen sitzen. Wenn ich das Heute verstehe, verstehe ich auch antike und zukünftige Welten. Was wissen wir wirklich? Die zubereitete Mahlzeit, die Milch in der Kanne, das Straßenlied, die Neuigkeiten des Tages, das Leuchten der Augen, die Form und Bewegung des Körpers – zeigt mir den Seinsgrund dieser Dinge! – zeigt mir seine Präsenz in diesen Dingen, denn dort kann man ihn immer finden, in diesen Randbezirken und äußeren Regionen der Natur! In jeder Kleinigkeit will ich die Polarität sehen, die dieses Kleine sogleich als Teil eines ewigen Gesetzes offenbart. Das Geschäft, der Pflug, das Angelgewicht entspringen demselben Quell wie die Strahlen des Lichts und der Gesang des Dichters. Und plötzlich liegt die Welt nicht mehr als wirres Gemisch und dunkler Ort vor uns, sondern hat Form und Ordnung. Es gibt keine unbedeutenden Dinge mehr und keine Rätsel, sondern einen einzigen Plan, der den höchsten Gipfel und das tiefste Tal vereint und umschließt.

Dieser Gedanke hat den genialen Geist von Goldsmith, Burns und Cowper inspiriert und in jüngerer Zeit den von Goethe, Wordsworth und Carlyle. Diese Idee drückten sie auf unterschiedliche Weise und mit unterschiedlichem Erfolg aus. Im Gegensatz zu ihrem Schreiben wirkt der Stil von Pope, Johnson und Gibbon kalt und kleinlich. In ihren Texten strömt warmes Blut. Man stellt überrascht fest, dass in ihnen die nahen Dinge nicht weniger schön und wunderbar als die fernen Dinge sind. Das Nahe erklärt das Ferne. Der Tropfen ist ein kleiner Ozean. Der Mensch ist mit der ganzen Natur verbunden. Diese Wahrnehmung des Werts des Gewöhnlichen ist für weitere fruchtbare Entdeckungen nützlich. Goethe, der in dieser Hinsicht der modernste unter den Modernen ist, hat uns wie niemand zuvor die geistige Größe der Alten gezeigt.

Es gibt einen genialen Mann, der für diese Philosophie des Lebens viel getan hat und dessen literarischer Wert noch nicht richtig eingeschätzt wurde – ich rede von Emanuel Swedenborg. Er war ein Mensch mit großer Vorstellungskraft, der aber mit der Präzision eines Mathematikers schrieb und danach strebte, eine rein philosophische Ethik im allgemeinen Christentum seiner Zeit zu verankern. Solch ein Versuch bringt natürlich Schwierigkeiten mit sich, die kein Geist überwinden kann. Aber er erkannte die Verbindung zwischen der Natur und den Regungen der Seele und zeigte sie auf. Er drang zum sinnbildlichen oder spirituellen Charakter der sichtbaren, hörbaren und fühlbaren Welt vor. Seine Muse, die das Dunkel liebte, schwebte vor allem über den niederen

Teilen der Natur und interpretierte sie. Er zeigte die geheimnisvolle Verbindung auf, die das moralisch Böse mit abstoßenden materiellen Formen verknüpft und er legte in epischen Gleichnissen eine Theorie des Wahnsinns, der Tiere und der unreinen und schrecklichen Dinge vor.

Ein anderes Zeichen unserer Zeit, das auch von einer analogen politischen Bewegung begleitet wird, ist die neue Bedeutung, die der einzelnen Person zukommt. Alles, was das Individuum schützt – es mit den Schranken natürlichen Respekts umgibt, sodass jeder Mensch fühlt, dass ihm die Welt gehört und Menschen sich behandeln sollen wie souveräne Staaten – führt zu wahrer Einheit und Erhabenheit. Der melancholische Pestalozzi sagte: „Ich habe gelernt, dass kein Mensch in Gottes großer Welt in der Lage oder gewillt ist, einem anderen Menschen zu helfen." Hilfe kann nur vom Herzen kommen. Der Gelehrte ist derjenige, der in sich alle Fähigkeiten der Zeit, alle Errungenschaften der Vergangenheit und alle Hoffnungen der Zukunft vereinen muss. Er muss eine ganze Universität an verschiedenem Wissen sein. Wenn es einen Lehrsatz gibt, den er sich mehr als jeden anderen zueigen machen sollte, dann diesen: Die Welt ist nichts, der Mensch ist alles. In dir liegt das Gesetz der Natur – und doch ist dir nicht bekannt, wie ein einziger Tropfen Lebenskraft emporsteigt. In dir schlummert alle Vernunft, dir ist es bestimmt, alles zu wissen, dir ist es bestimmt, alles zu wagen.

Herr Vorsitzender, meine Herren! Dieses Vertrauen in die noch unerforschte Macht des Menschen gehört mit allen Beweggründen, mit allen Prophezeiungen, mit allen Aufgaben zum amerikanischen Gelehrten. Zu lange haben wir den höfischen Musen Europas zugehört. Schon jetzt steht der freie amerikanische Mensch im Ruf zaudernd, nachahmend und zahm zu sein. Öffentliche und private Habgier machen die Luft, die wir atmen, dick und stickig. Der Gelehrte ist anständig, träge und nachgiebig. Schon jetzt sieht man die tragische Konsequenz. Der Geist dieses Landes, der dazu erzogen wurde, nach untergeordneten Zielen zu streben, verzehrt sich selbst. Arbeit gibt es nur für die Angepassten und Gefälligen. Junge Menschen mit den besten Voraussetzungen, die an unseren Ufern ihr Leben beginnen, durch Bergwinde gestärkt und von Gottes Sternen beschienen, stellen fest, dass die Erde darunter nicht mit diesen im Einklang ist. Die Prinzipien, nach denen die Geschäfte geführt werden, ekeln sie an und halten sie von aktiver Tätigkeit ab. So werden sie Hilfsarbeiter oder sterben vor Ekel – manche durch Selbstmord. Was ist das Heilmittel? Sie haben noch nicht erkannt – und tausende junger Menschen voller Hoffnungen, die im Begriff sind, eine Karriere zu starten, erkennen das noch nicht – dass, wenn ein einzelner Mensch fest auf seine Instinkte vertraut und nicht davon ablässt, die große Welt sich ihm zur Seite dreht. Es braucht Geduld – nur Geduld! Die Schatten aller Großen und Guten leisten ihm dabei Gesellschaft. Die Aussicht auf sein eigenes unendliches Leben spendet ihm Trost und seine Arbeit liegt darin, die Prinzipien zu studieren und zu vermitteln, die diese Instinkte befeuern und so die Welt zu verändern. Ist es nicht die größte Schande, keine Einheit zu sein – nicht als eine Person angesehen zu werden – nicht jene besondere Frucht zu tragen, die hervorzubringen jeder Mensch geboren wurde, sondern en gros, in hunderten, tausenden, als Teil einer Partei oder einer Gruppe angesehen zu werden, als sei auch unsere Meinung geografisch festgelegt, wie die Himmelrichtungen Norden und Süden? So nicht, meine Brüder und Freunde – bitte Gott, bewahre unser Leben davor! Wir werden auf unseren eigenen Füßen stehen, wir werden mit unseren eigenen Händen arbeiten und wir werden unsere eigene Meinung vertreten. Gelehrsamkeit soll nicht länger gleichbedeutend mit

Mitleid, Zweifel und sinnlichem Wohlleben sein. Die Ehrfurcht vor dem Menschen und die Liebe zum Menschen sollen ein Befestigungswall und ein Freudenkranz um alle sein. Zum ersten Mal wird es eine Nation von Menschen geben, weil jeder davon überzeugt ist, er habe Anteil an einer *göttlichen Seele,* die auch alle anderen Menschen inspiriert.

Rede
an der theologischen Fakultät
der
Universität Harvard

1838

In diesem strahlenden Sommer ist es eine Lust, das Leben einzuatmen. Das Gras wächst, die Knospen brechen auf, die Wiesen leuchten in den feurigen und goldenen Farben der Blumen. Vögel fliegen und in der Luft liegt das süße Aroma des Nadelholzes, des Balsamstrauchs und frischen Heus. Die Nacht bringt dem Herzen keine Schwere, sondern ersehnten Schatten, und die Sterne erstrahlen fast geistig in der Dunkelheit. Der Mensch scheint ein kleines Kind zu sein und der große Erdball sein Spielzeug. Die kühle Nacht badet seine Welt wie in einem Fluss und bereitet seine Augen erneut auf die Morgendämmerung vor. Nie hat sich das Mysterium der Natur glückseliger präsentiert. Korn und Wein wurden freigiebig an alle Geschöpfe ausgeteilt und kein erklärendes Wort bricht das Schweigen, mit dem die Gabe überreicht wird. Es bleibt nur die Vollkommenheit der Welt, in der sich unsere Sinne entfalten. Wie weit und üppig lädt doch jede ihrer Eigenschaften den Menschen mit all seinen Fähigkeiten ein! In ihren fruchtbaren Böden, auf ihren schiffbaren Meeren, unter ihren Gebirgen voller Gesteine und Metalle, in ihren Wäldern voller Hölzer, mit ihren Tieren, in ihrer Chemie, in den Kräften des Lichts, der Wärme, der Anziehung und des Lebens – überall ist sie die Mühe und Zuneigung großer Menschen wert, die sie urbar machen und feiern. Mit Freude ehrt die Geschichte Pflanzer, Handwerker, Erfinder, Astronomen, Städtebauer und Kapitäne.

Doch wenn sich der Geist öffnet und die Gesetze offenlegt, die das Universum durchziehen und die Dinge zu dem machen, was sie sind, dann schrumpft die große Welt sofort zu einer bloßen Illustration, zu einem bloßen Abbild dieses Geistes. „Was bin ich?" und „Was ist?" fragt der menschliche Geist mit frisch erweckter Neugier, die doch nie gestillt wird. Seht die weitläufigen Gesetze, die unserer begrenzten Auffassung nach in diese oder jene Richtung laufen und doch nie einen vollen Kreis bilden! Seht die unendliche Zahl von Verbindungen, die so ähnlich und so verschieden und doch eins sind! Ich will sie studieren, will sie durchdringen, will sie auf ewig bewundern. Die Arbeit an und in diesen Gedanken beschäftigte den menschlichen Geist schon immer.

Eine geheimere, süßere und überwältigendere Schönheit begegnet dem Menschen, wenn sein Geist und Herz offen für die Tugend sind. Dann erkennt er, was über ihm steht. Er sieht, dass sein Dasein ohne Grenzen ist, dass er zum Guten, zum Perfekten geboren ist, auch wenn er jetzt im Unglück schwach daniederliegt. Das, was er verehrt, ist Teil seiner selbst, auch wenn er dies noch nicht erkennt. *Eigentlich sollte er es erkennen.* Er weiß um den Sinn dieser großen Worte, doch vermag er aus ihnen nicht den richtigen Schluss zu ziehen. Wenn ihn die Unschuld oder der intellektuelle Verstand sagen lässt:„Ich liebe das Richtige; die Wahrheit ist auf ewig schön in all ihren Aspekten; Tugend ich bin dein, rette mich, benutze mich, dir will ich dienen, Tag und Nacht, im Großen, im Kleinen, dass ich nicht nur tugendhaft, sondern die Tugend selbst sein möge" – dann ist der Zweck der göttlichen Schöpfung erfüllt.

Die Tugend ist Ehrfurcht vor gewissen göttlichen Gesetzen und Ausdruck der Freude an ihnen. Sie macht sichtbar, dass das vertraute Spiel des Lebens, das wir spielen, unter scheinbaren Kleinigkeiten verblüffende Prinzipien birgt. Im Spiel lernt das Kind Licht, Bewegung, Gravitation und Muskelkraft kennen. Und im Spiel des menschlichen Lebens wirken Liebe, Furcht, Gerechtigkeit, die Begierden sowie Mensch und Gott aufeinander ein. Diese Gesetze kennen keine Sprache. Man kann sie nicht aufschreiben oder aussprechen. Sie entziehen sich selbst der hartnäckigsten Analyse. Und trotzdem lesen wir sie beständig im

Gesicht unseres Gegenübers, in seinen Handlungen, in unserem eigenen Gewissen. Wir müssen die moralischen Qualitäten, die jeder tugendhaften Handlung und jedem tugendhaften Gedanken innewohnen, in der Sprache erst unterscheiden und beschreiben, sie umreißen, indem wir mühsam Einzelheiten auflisten. Da aber diese Empfindung jeglicher Religion zugrunde liegt, will ich näher auf ihren Zweck eingehen und Überlegungen vorstellen, die ihn gut veranschaulichen.

Die intuitive Erkenntnis der Tugend sieht, dass die Gesetze der Seele perfekt sind. Diese Gesetze vollziehen sich von selbst. Sie sind jenseits von Zeit und Raum und unabhängig von Bedingungen. So herrscht in der Seele des Menschen eine Gerechtigkeit, deren Folgen sofort und uneingeschränkt wirken. Wer eine gute Tat vollbringt, wird sofort geadelt. Wer Böses tut, wird durch die Tat selbst erniedrigt. Wer die Unreinheit ablegt, wird dadurch rein. Wenn ein Mensch von Herzen aus gerecht ist, dann ist er in gewisser Hinsicht Gott. Die Sicherheit Gottes, die Unsterblichkeit Gottes, die Erhabenheit Gottes treten mit der Gerechtigkeit in diesen Menschen ein. Heuchelt ein Mensch und täuscht er, dann täuscht er sich selbst und geht sich selbst verloren. Ein Mensch, der das absolut Gute erkennt, verehrt mit umfassender Demut. Und jeder Schritt nach unten ist so ein Schritt nach oben. Der Mensch, der von sich ablässt, findet zu sich selbst.

Seht, wie unmittelbar diese von innen her strahlende Kraft überall am Werk ist, Falsches berichtigt, Erscheinungen korrigiert und Tatsachen mit Gedanken in Einklang bringt. Obwohl von den Sinnen kaum wahrnehmbar, ist ihr Wirken im Leben schließlich genauso gewiss wie ihr Wirken in der Seele. So wird der Mensch zu seiner eigenen Vorsehung, das Gute wird Teil seiner Rechtschaffenheit und das Böse Teil seiner Sünde. Die Persönlichkeit lässt sich nicht verbergen. Diebstahl macht nie reich; Almosen machen nie arm; eine Mordtat bringt selbst Steine zum Sprechen. Die kleinste Lüge – zum Beispiel, um in einem Anflug von Eitelkeit, einen guten Eindruck machen zu wollen – wird den gewünschten Effekt sofort zunichte machen. Doch sprichst du die Wahrheit, dann werden dich die Natur und alle Geister unerwartet unterstützen. Verkünde die Wahrheit und alles, was lebt, wird dein Bürge sein und sogar die verborgenen Wurzeln der Gräser werden beben und zittern, um für dich zu zeugen. Erkennt die Vollkommenheit dieses Gesetzes, wie wir es in unserem Herzen empfinden und so zum Gesetz der Gesellschaft machen. Wie wir sind, so finden wir zueinander. Die Guten ziehen die Guten an, die Schlechten die Schlechten. So bewegen sich die Seelen aus eigener Kraft in Richtung Himmel oder Hölle.

All dies hat stets die erhabene Wahrheit nahegelegt, dass die Welt nicht das Produkt vielfältiger Kräfte, sondern eines Willens, eines Geistes ist. Und dass ein Geist überall wirkt, in jedem Lichtstrahl der Sterne, in jeder kleinen Welle auf dem Teich. Was immer sich diesem Willen entgegenstellt, wird überall blockiert und gebremst, denn so und nicht anders sind die Dinge. Das Gute ist positiv. Das Böse ist lediglich dessen Abwesenheit, keine absolute Kraft: Wie Kälte, die ein Mangel an Wärme ist. Das Böse ist nichts als Tod oder Nicht-Sein. Mitgefühl ist absolut und real. Je mehr Mitgefühl ein Mensch hat, desto mehr Leben hat er. Denn alle Dinge entspringen demselben Geist, der manchmal je nach Zusammenhang auch Liebe, Gerechtigkeit, Mäßigung genannt wird, ganz wie der Ozean, der an seinen unterschiedlichen Küsten verschiedene Namen trägt. Alle Dinge entspringen demselben Geist und alle Dinge wirken mit ihm zusammen. Solange ein Mensch das Gute will, ist er so stark wie die gesamte Natur. Lässt er sich davon abbringen, entzieht er sich Kraft und Reserven, sein Sein zieht sich aus weitläufigen Kanälen zurück und er wird kleiner und kleiner, ein Staubkorn – wird zu einem Punkt, der schließlich absolute Schlechtigkeit, absoluten Tod bedeutet.

Erkennt man dieses Gesetz aller Gesetze, dann erwacht im Geist ein Gefühl, das ich das religiöse Empfinden nennen möchte. Es stiftet höchstes Glück. Seine Macht zu bezaubern und zu gebieten ist herrlich. Wie Gebirgsluft. Es ist Myrrhe, Styrax und Rosmarin. Es erhebt Himmel und Berge und erklingt im Nachtlied der Sterne. Nicht Wissenschaft oder Macht machen das Universum sicher und bewohnbar, sondern diese Empfindung. Gedanken mögen kalt und unsichtbar in den Dingen wirken und weder Ziel noch Einheit finden. Aber die erwachte Empfindung der Tugend des Herzens stiftet und sichert das Gesetz über alle Naturen. Und die Welten, Zeit, Raum, Ewigkeit scheinen darüber zu jubilieren.

Dieses Empfinden ist göttlichen Ursprungs und vergöttlicht zugleich. Es ist des Menschen Glückseligkeit. Es verleiht ihm Unendlichkeit. Erst durch dieses Empfinden lernt die Seele sich kennen. Es korrigiert den Hauptfehler des unreifen Menschen, der danach trachtet groß zu sein, indem er Großen folgt und hofft, sich *durch einen anderen* Vorteile zu verschaffen – denn es zeigt, dass in ihm selbst der Quell alles Guten liegt und dass er, wie jeder andere Mensch auch, Zugang zu den Tiefen der Vernunft hat. Wenn er sagt „ich sollte“, wenn die Liebe ihn wärmt, wenn er eine Entscheidung trifft und sich, von oben ermahnt, für die gute und große Tat entscheidet, dann durchklingen Harmonien höchster Weisheit seine Seele. Dann kann er verehren und durch Verehrung wachsen, denn jenseits dieses Empfindens ist nichts mehr. In den erhabensten Flügen der Seele ist Rechtschaffenheit nie aufgebraucht und Liebe unerschöpflich.

Dieses Empfinden ist das Fundament der Gesellschaft und schafft so alle Formen der religiösen Verehrung. Das Prinzip der Verehrung stirbt niemals aus. Ein Mensch, der dem Aberglauben und der Lust verfällt, ist nie ganz ohne Vorstellungen des moralischen Empfindens. So entsprechen Äußerungen dieses Empfindens in ihrer Heiligkeit und Dauerhaftigkeit ihrer relativen Reinheit. Der Ausdruck dieses Empfindens beeinflusst uns stärker als alle anderen Anlagen. Die Sätze aus uralter Zeit, die diese Frömmigkeit verkünden, sind immer noch frisch und duftend. Im gläubigen, kontemplativen Osten war dieser Gedanke stets fest im Geist der Menschen verankert. Nicht nur in Palästina, wo er seinen reinsten Ausdruck fand, sondern auch in Ägypten, in Persien, in Indien und in China. Europa verdankte seine religiösen Impulse immer dem orientalischen Geist. Was dessen heilige Sänger verkündeten, dem stimmten alle vernünftigen Menschen zu und nahmen es für wahr. Der einzigartige Eindruck, den Jesus bei der Menschheit hinterließ, ist Beweis für die feine Tugend dieses Einflusses; sein Name steht wie in die Weltgeschichte gemeißelt.

Obwohl nun die Türen dieses Tempels Tag und Nacht für jeden offen stehen und das Orakel dieser Wahrheit niemals schweigt, ist es doch an eine feste Bedingung geknüpft – es handelt sich nämlich um eine Intuition. Sie lässt sich nicht aus zweiter Hand empfangen. Eine andere Seele kann mir tatsächlich nur Anstöße geben, mich aber nie anleiten. Was sie vermittelt, muss ich als Wahrheit in mir selbst finden oder ganz zurückweisen. Und das Wort eines anderen allein, einerlei um wen es sich handelt, kann ich als Empfänger nicht akzeptieren. Die Abwesenheit dieses ursprünglichen Glaubens bedeutet vielmehr Herabwürdigung. Wie die Flut, so die Ebbe. Wenn der Glaube verschwindet, werden die Worte, die er anregte, die Dinge, die er bewirkte, falsch und verletzend. Dann fallen Kirche, Staat, Kunst, Literatur und das Leben. Die Lehre von der göttlichen Natur gerät in Vergessenheit, eine Krankheit befällt das Wesen des

Menschen und es verkümmert. Einst war der Mensch alles, jetzt ist er ein kleiner Rest, ein Ärgernis. Und weil man den allem innewohnenden Geist nicht ganz loswerden kann, wurde die göttliche Lehre pervertiert: Nur ein oder zwei Personen wird die göttliche Natur zugestanden und allen anderen wird sie verweigert – wütend verweigert! Die Beseelungslehre ist verloren gegangen und die Lehre der Mehrheit der Stimmen nimmt ihren Platz ein. Wunder, Prophezeiungen, Poesie, das ideale und heilige Leben – all das existiert nur als alte Geschichte. Diese Dinge sind nicht im Glauben oder im lebendigen Streben der Gesellschaft verwurzelt und erscheinen, spricht man von ihnen, lächerlich. Das Leben ist ein trauriger Witz, sobald man die höheren Ziele des Daseins aus den Augen verliert und der Mensch kurzsichtig wird und sich nur dem widmet, was er mit den Sinnen wahrnimmt.

Diese grundsätzlichen Bemerkungen, die niemand in Frage stellen wird, weil sie allgemein gehalten sind, finden in der Religionsgeschichte vielfältige Beispiele, vor allem in der Geschichte der christlichen Kirche. In ihr sind wir geboren und sie hat uns genährt. Ihre Wahrheit werdet ihr, meine jungen Freunde, bald unterrichten. Da sie den Kult oder die bestehende Form der Verehrung in der zivilisierten Welt darstellt, ist sie für uns von großem historischen Interesse. Ich brauche euch nicht von ihren gesegneten Worten erzählen, die ein Trost für die Menschheit waren. Ich werde heute meine Pflicht euch gegenüber erfüllen und auf ein oder zwei Fehler ihrer Verwaltung eingehen, die im Lichte des Gesagten mit jedem Tag deutlicher zu Tage treten.

Jesus Christus gehörte zu den wahren Propheten. Mit offenen Augen sah er die Mysterien der Seele. Von ihrer Harmonie geleitet, von ihrer Schönheit hingerissen, lebte er in ihr und hatte sein Dasein in ihr. Er allein in der Geschichte konnte die wahre Größe des Menschen abschätzen; ein Mensch, der gemäß dem, was in dir und in mir ist, lebte. Er erkannte, dass Gott sich in den Menschen verkörpert und so seine Welt von neuem in Besitz nimmt. In diesem Jubel erhabenen Gefühls sagte er: „Ich bin göttlich. Gott handelt durch mich, Gott spricht durch mich. Wenn ihr Gott sehen wollt, seht mich an. Oder betrachtet euch selbst, wenn ihr so denkt, wie ich denke." Aber wie sollte seine Lehre und sein Andenken in jenem, im nächsten und in den darauf folgenden Zeitaltern noch verfälscht und verdreht werden! Keine noch so kluge Lehre kann vermittelt werden, wenn sie durch Interpretationen entstellt wird. Was als hoher Gesang noch direkt von den Lippen des Dichters vernommen wurde, lautete in der Auslegung im nächsten Zeitalter: „Jehova war es, der vom Himmel kam. Ich werde dich töten, wenn du behauptest, er sei ein Mensch gewesen." Die Bilder seiner Sprache, die Figuren seiner Rhetorik, haben den Platz der Wahrheit eingenommen und Kirchen wurden nicht auf seine Prinzipien gebaut, sondern auf Worten. Das Christentum wurde zum Mythos, wie zuvor die poetischen Lehren der Griechen und Ägypter. Er sprach von Wundern, denn er fühlte, dass das menschliche Leben und alle menschlichen Taten Wunder sind. Er wusste, dass dieses Wunder umso heller leuchtet, je höher der Charakter aufsteigt. Aber das Wort „Wunder", wie es die christlichen Kirchen verwenden, hinterlässt einen falschen Eindruck. Es ist eine Monstrosität. Es ist nicht eins mit dem Kleesamenflug im Wind und dem fallenden Regen.

Jesus respektierte Moses und die Propheten, aber er zögerte nicht, ihre ursprünglichen Offenbarungen bis in die heutige Zeit, bis zum heutigen Menschen reichen zu lassen – bis zur ewigen Offenbarung im Herzen. Somit war er ein wahrhaftiger Mensch. Er erkannte, dass das Gesetz in uns herrscht und duldete nicht, dass es beherrscht würde. Mutig erklärte er mit Herz, Hand und Leben, dass dieses Gesetz Gott sei. Deshalb, so glaube ich, war er die einzige Person in der Geschichte, die den Wert des Menschen wahrhaft zu würdigen wusste.

I. Von dieser Warte aus wird uns der erste Fehler des historischen Christentums bewusst. Ihm ist der Fehler unterlaufen, der alle Versuche, Religion zu vermitteln, zunichte macht. So wie es sich uns zeigt und wie es sich seit langer Zeit gezeigt hat, ist es keine Lehre der Seele, sondern weist eine Überbetonung des Personalen, des Bestehenden und des Rituals auf. Seit jeher erfährt die *Person* Jesus eine schädliche Übergewichtung. Der Seele ist Personales fremd. Sie lädt jeden Menschen ein, sich das ganze Universum zu erschließen und hat keine Vorlieben außer der spontanen Liebe. Doch ist in dieser orientalischen Monarchie eines Christentums, das von Trägheit und Furcht erbaut wurde, der Freund des Menschen zum Feind des Menschen geworden. Die Art und Weise, wie sein Name nun im Zusammenhang mit Begriffen steht, die einst Ausdruck von Bewunderung und Liebe waren und nun zu offiziellen Titeln versteinert sind, erstickt jede großzügige Sympathie und Zuneigung. Wer versteht, was ich sagen will, wird erkennen, dass die Sprache, mit der Christus den Menschen in Europa und Amerika näher gebracht wird, nicht vom Stil der Freundschaft und Begeisterung für ein gutes, edles Herz geprägt, sondern konventionell und formell ist – sie beschreibt einen Halbgott, so wie die Orientalen oder die Griechen Osiris oder Apollo beschrieben. Nimmt man die Verirrungen einer am Katechismus orientierten christlichen Erziehung hinzu, so sind sogar Ehrlichkeit und Selbstaufgabe bloße Sünden, wenn sie nicht in christlichem Namen begangen werden. Man zöge es lieber vor, „ein Heide zu sein, erzogen in einem vergessenen Glauben", als in seinem Menschenrecht betrogen zu werden und auf diese Welt zu kommen, um nicht nur Namen und Orte oder Land und Berufe, sondern sogar Tugend und Wahrheit verschlossen und monopolisiert vorzufinden. Du sollst kein Mensch sein. Du sollst dir die Welt nicht erschließen. Du sollst dich nicht trauen, nach dem ewigen Gesetz, das in dir ist, zu leben und in Gemeinschaft mit der unendlichen Schönheit, die das Leben dir in all seinen Formen zeigt. Sondern du musst deine Natur Jesus unterwerfen, du musst unsere Interpretationen akzeptieren und du musst sein Bild so hinnehmen, wie es für die Masse gezeichnet wurde.

Was mich zu mir selbst führt, ist stets das Beste. Das Erhabene in mir wird angeregt durch die große stoische Lehre „diene dir selbst." Was Gott in mir zeigt, befestigt mich. Was Gott außerhalb von mir zeigt, verschafft mir Warzen und Geschwüre. Mein Dasein braucht nicht länger einen Grund. Schon jetzt wirft das Vergessen seine Schatten voraus und ich werde für immer vergehen.

Die göttlichen Sänger sind die Freunde meiner Tugend, meines Intellekts und meiner Stärke. Sie mahnen mich, dass meine leuchtenden Gedanken, ihren Ursprung in Gott haben und nicht in mir; dass sie die gleichen hatten und die göttliche Vision nicht missachteten. Deshalb liebe ich sie. Sie bieten mir edle Herausforderungen und fordern mich auf, dem Übel zu widerstehen; sie fordern mich auf, mir die Welt zu erschließen und einfach zu *sein.* Und so dient uns Jesus durch seine heiligen Gedanken und nur durch sie. Der Versuch, einen Menschen mit Wundern zu bekehren, entweiht die Seele. Eine wahre Bekehrung, ein wahrer Christ, kann jetzt und zu jeder Zeit nur durch das Erwecken wunderbarer Empfindungen gewonnen werden. Es ist wahr, dass eine große und reiche Seele, wenn sie unter gewöhnliche Menschen fällt, ihre Umgebung so dominiert, dass sie der ganzen Welt ihren Namen gibt. So tat es die von Jesus. Für die Gewöhnlichen scheint die Welt nur für ihn zu existieren und sie haben noch nicht genug von seiner Lehre verstanden, um zu erkennen, dass sie nur fortdauernd wachsen können, wenn sie zu sich selbst oder zu Gott in sich selbst finden. Mir ist wenig gedient, wenn ich ein Geschenk bekomme, mir ist viel gedient, wenn man mir zeigt, wie ich selbst etwas erreichen kann. Die Zeit naht, da alle Menschen sehen werden, dass die Gabe Gottes an die Seele nicht eine prahlerische, überwältigende und ausschließende Heiligkeit, sondern eine wärmende, natürliche Güte ist; eine Güte, wie deine und meine, die als solche dich und mich dazu einlädt, zu sein und zu wachsen.

Schlechte Predigten sind nicht nur ein grobes Vergehen an Jesus, sondern auch an den Seelen, die durch sie entweiht werden. Die Prediger erkennen nicht, dass sie sein Evangelium entleeren und ihn der Schönheit und der himmlischen Eigenschaften berauben. Wenn ich den majestätischen Epaminondas sehe oder Washington, wenn ich unter meinen Zeitgenossen einen wahren Redner, einen aufrechten Richter, einen lieben Freund erkenne, wenn mich die Melodie und Vorstellungskraft eines Gedichts berührt, dann sehe ich die so ersehnte Schönheit. Und in dieser Schönheit und in vollkommenem Einklang mit meinem Dasein klingt in mir die ernste Musik der Sänger, die in allen Zeitaltern vom wahren Gott sangen. Verbannt nicht das Leben und die Dialoge von Christus aus diesem magischen Kreis, indem ihr sie herausstellt und ihre Besonderheit betont. Lasst sie dort, wo sie hinfallen, lebendig und warm, als Teil des menschlichen Lebens, als Teil der Landschaft und eines fröhlichen Tages.

II. Der zweite Mangel in dieser traditionellen und eingeschränkten Art und Weise, in der der Geist Jesu benutzt wird, entspringt dem ersten. Er rührt daher, dass die *moralische Natur*, das Gesetz der Gesetze, dessen Offenbarungen der Seele Großartiges, ja Gott selbst, näher bringt, nicht als Ursprung der etablierten gesellschaftlichen Lehren erforscht wird. Die Menschen haben sich daran gewöhnt, von der Offenbarung als etwas zu reden, das schon lange vorbei ist – als ob Gott tot sei. Die Schwächung des Glaubens lähmt den Prediger und die stattlichste aller Einrichtungen, die Predigt, wird zur unsicheren und nicht mehr vernehmbaren Stimme.

Einem Zwiegespräch mit der Schönheit der Seele entspringt ganz natürlich der Wunsch und das Bedürfnis, andere an dem dort erfahrenen Wissen, an der dort erfahrenen Liebe teilhaben zu lassen. Wird einem diese Äußerung verweigert, lastet sie wie eine Bürde auf dem Menschen. Der Seher ist stets ein Mensch, der sich mitteilt. Seine Vision tut sich irgendwie kund. Er macht sie in feierlicher Freude öffentlich: Manchmal durch Farbe auf Leinwand, manchmal durch Meißel in Stein, manchmal durch Türme und Bögen aus Granit und manchmal in Hymnen unendlicher Musik; doch am klarsten und dauerhaftesten in Worten.

Ein Mensch, dem dieses Vermögen gegeben ist, wird Priester oder Dichter. Dieses Amt ist so alt wie die Welt. Doch ist es an geistige Bedingungen geknüpft. Allein die Seele kann unterweisen. Nicht jeder Mensch kann lehren, nicht jeder Beliebige, jeder Lügner, jeder Sklave kann unterrichten, sondern nur der, der hat, kann geben und nur der, der *ist*, kann schaffen. Nur der, in den sich die Seele senkt und durch den die Seele spricht, kann lehren. Mut, Glaube, Liebe und Weisheit können lehren. Und jeder Mensch kann diesen Engeln die Türen öffnen und sie werden ihm die Gabe zu reden schenken. Doch wer versucht, so zu reden, wie die Bücher es vorschreiben, wie die Synoden es beschließen, wie es die Mode verlangt oder die Laune befiehlt, der schwätzt. Möge er schweigen.

Diesem heiligen Amt wollt ihr euch widmen. Ich wünsche mir, dass ihr eure Berufung als ein Pulsieren von Verlangen und Hoffnung spürt. Es ist das höchste Amt der Welt. Seiner Natur nach erlaubt es keine Unehrlichkeit. Und es ist meine Pflicht euch zu sagen, dass eine neue Offenbarung nie dringender gebraucht wurde als heute. Ihr werdet aufgrund der Ansichten, die ich vertreten habe, bemerkt haben, dass ich mit vielen anderen der traurigen Meinung bin, dass der Glaube in der Gesellschaft überall verloren geht und fast schon tot ist. Die Seele wird nicht gepredigt. Die Kirche taumelt ihrem Fall zu, fast all ihr Leben ist erloschen. Unter diesen Umständen wäre es verbrecherisch, euch, deren Hoffnung und Aufgabe es ist, den Glauben Christi in Zukunft zu predigen, aus Gefälligkeit zu sagen, dass der Glaube Christi heute tatsächlich gepredigt wird.

Es ist an der Zeit, dass das kaum unterdrückte Gemurmel aller vernünftigen Menschen über die Not unserer Kirchen, dieses Seufzen des Herzens, endlich durch den Schlaf der Trägheit und durch die Routine hindurch vernommen wird. Ihnen werden Trost, Hoffnung und Größe verwehrt, die nur durch die Pflege der moralischen Natur gedeihen und wachsen. Das große und ewige Amt des Predigers ist nicht überflüssig. Zu predigen bedeutet, dem moralischen Empfinden Ausdruck zu verleihen und es auf die Aufgaben des Lebens zu beziehen. Sagt mir, in wie vielen Kirchen, von wie vielen Propheten wird dem Mensch bewusst gemacht, dass er eine unendliche Seele hat? Dass Erde und Himmel seinen Geist durchdringen? Dass er auf ewig die Seele Gottes trinkt? Wo sind Überzeugungen zu hören, durch deren bloßen Klang mein Herz ins Paradies gehoben wird und darin seinen himmlischen Ursprung bestätigt? Wo kann ich die Worte hören, die in früheren Zeitaltern Menschen dazu veranlassten, zu erwachen und alles hinter sich zu lassen – Vater und Mutter, Haus und Land, Ehegatte und Kind? Wo finde ich die herrlichen moralischen Gesetze so ausgesprochen, dass sie mein Ohr erfüllen und ich mich durch die Hingabe meiner äußersten Tat und Leidenschaft geadelt fühle? Die Prüfung des wahren Glaubens sollte gewiss seine Macht sein, die Seele so zu bezaubern und zu führen, wie die Naturgesetze das Werk der Hände steuern – so beherrschend, dass es uns Ehre und Vergnügen bereitet zu folgen. Der Glaube sollte sich mit dem Licht der auf- und untergehenden Sonne, mit dem Zug der Wolken, dem Gesang der Vögel und dem Duft der Blumen mischen. Doch hat der Gottesdienst des Priesters den hellen Glanz der Natur verloren. Er ist reizlos. Wir sind froh, wenn er vorüber ist. Allein indem wir auf unseren Kirchenbänken sitzen – was wir ja auch tun – bieten wir uns selbst einen viel besseren und heiligeren Gottesdienst.

Immer wenn so ein Zeremonienmeister auf der Kanzel steht, wird der Gläubige betrogen und seine Seele verwüstet. Wir schrumpfen, sobald die Gebete beginnen, die uns nicht erbauen, sondern quälen und erniedrigen. Uns bleibt nur, in unsere Mäntel zu sinken und uns, so gut wir können, taub und einsam zurückzuziehen. Einmal hörte ich einen Prediger, der mich fast dazu gebracht hätte, nie wieder in die Kirche zu gehen. Die Leute gehen nur aus Gewohnheit hin, dachte ich, sonst hätte keine Seele an diesem Tag die Kirche betreten. Draußen tobte ein Schneesturm. Der Schneesturm war wirklich, doch der Prediger nur ein Gespenst; und man konnte den traurigen Gegensatz beider Erscheinungen sehen, wenn man aus dem Fenster hinter ihm in das schöne Schneegestöber blickte. Er hatte sein Leben bis dahin umsonst gelebt. Mit keinem Wort ließ er durchblicken, jemals gelacht oder getrauert zu haben, verheiratet oder verliebt gewesen zu sein, ob jemand ihn gelobt, betrogen oder verärgert hatte. Sollte er je gelebt und gewirkt haben, so erfuhren wir es nicht. Das wesentliche Geheimnis seines Berufs, nämlich Leben in Wahrheit umzuformen, hatte er nicht gelernt. Nicht ein einziges Erlebnis hatte er in seine Lehre übernommen. Dieser Mann hatte gepflügt und geerntet und geredet und gekauft und verkauft. Er hatte Bücher gelesen. Er hatte gegessen und getrunken. Er dachte nach. Sein Herz schlug. Er lächelte und litt. Und doch gab es in seinem Vortrag nicht die kleinste Andeutung, den kleinsten Hinweis darauf, dass er überhaupt je gelebt hatte. Nicht eine einzige Zeile seiner Predigt belebte er mit tatsächlich Erfahrenem. Den echten Prediger erkennt man daran, dass er den Menschen sein Leben offenbart – Leben, das durch das Feuer der Gedanken gegangen ist. Doch bei diesem war nicht zu erkennen, in was für einer Zeit er lebte, ob er Eltern oder Kinder hatte, ob er Grundbesitzer war oder zu den Armen gehörte, ob er aus der Stadt oder vom Land kam. Kein Detail seines Lebens tat sich kund. Mir schien sonderbar, dass die Leute in die Kirche kamen. Die Vermutung lag nahe, dass sie Unterhaltung suchten, die sie in ihren Häusern nicht gefunden hatten und so kamen sie hierher und ergaben sich diesem gedankenlosen Geschwätz. Dass sie kamen, zeigt aber auch die kraftvolle Anziehung des moralischen Empfindens und wirft einen kleinen Lichtstrahl in die Dumpfheit und Dummheit, die sich an seinem Ort und in seinem Namen breit gemacht haben. Ein guter Zuhörer wurde manchmal trotz allem berührt; er weiß: Es gibt Hoffnung und Worte, mit denen man sie erweckt. Und wenn er jene hohlen Worte hört, tröstet er sich mit der Erinnerung an bessere Stunden, Stunden, deren Echo unbeeinflusst nachklingt.

Ich weiß, auch eine minderwertige Predigt ist nicht immer ganz ohne Wirkung. Manche Menschen haben ein so gutes Gehör, dass sie Stärkung für die Tugend in der unterschiedlichsten Nahrung finden.

Auch in den Gemeinplätzen der Gebete und Predigten liegt eine poetische Wahrheit und sie können, obwohl nachlässig dahergesagt, weise verstanden werden. Denn sie sind erlesen und entstammen der Frömmigkeit einer geprüften oder glücklichen Seele, an die man sich wegen ihrer Vortrefflichkeit erinnert. Die Gebete und sogar die Dogmen unserer Kirche stehen wie der Tierkreis von Dendera und die astronomischen Monumente der Hindus gänzlich eigenständig von irgendetwas, was jetzt im Leben und im Geschäft der Menschen eine Rolle spielt. Sie markieren, wie hoch das Wasser einst stand. Und sie sind eine Mahnung für den Übermut der Guten und Frommen. In einem großen Teil der Gemeinde regt der Gottesdienst aber ganz andere Gedanken und Gefühle an. Wir brauchen den nachlässigen Prediger nicht zu schelten. Eher haben wir Mitleid wegen der prompten Strafe, die ihn ereilt. Denn der Unglückliche muss auf der Kanzel stehen und ist *unfähig*, das Brot des Lebens zu verteilen. Alles was geschieht entlarvt ihn. Bäte er um Spenden für Missionen in der Fremde oder zu Hause? Sein Gesicht erfüllte sich mit Scham, verlangte er doch von seiner Gemeinde, dass sie Geld hundert oder tausend Meilen weit schickte, um die gleiche schlechte Kost zu finanzieren, die er zu Hause verteilt; dabei täte sie eigentlich besser daran, hundert oder tausend Meilen weit vor ihm zu fliehen. Fordert er die Menschen auf, ein gottesfürchtiges Leben zu führen? Kann er seine Mitmenschen bitten, zum Gottesdienst zu kommen, wenn er und sie wissen, wie wenig sie dort erwartet? Lädt er sie zum Abendmahl bei sich zu Hause ein? Er traut sich nicht. Weil kein Herz sein Ritual erwärmt, ist die hohle, trockene und schleppende Formalität zu offensichtlich, als dass er einem Menschen mit Witz und Energie gegenüberträte und seine Einladung ohne Furcht ausspräche. Was kann er dem vorlauten Gotteslästerer des Dorfes auf der Straße entgegensetzen? Dieser sieht Angst im Gesicht und Unsicherheit im Auftreten des Geistlichen.

Ich will durch diese Gedanken nicht den Eindruck erwecken, dass ich die guten Menschen nicht anerkenne. Ich kenne und respektiere die Reinheit und das strenge Gewissen vieler Mitglieder des Klerus. Das Leben, das noch im öffentlichen Gottesdienst ist, verdankt sich einer verstreuten Gemeinschaft frommer Menschen, die hier und dort das Amt des Geistlichen bekleiden. Diese Geistlichen akzeptieren kein Dogma, sondern folgen nur der Stimme ihres eigenen Herzens und manchmal etwas zu zögerlich dem Rat der Ältesten. Von ihnen kommt der Anstoß der Tugend und die Heiligkeit ihres Charakters verdient noch immer unsere Liebe und Bewunderung. Doch finden sich die wahrhaftigen Ausnahmen weniger in ein paar hervorragenden Predigern, als vielmehr in den guten Momenten, den wahrhaftigen Inspirationen aller – nein, in den wahren Augenblicken eines jeden Menschen. Doch, von diesen Dingen abgesehen, stimmt es, dass in unserem Land die Tradition das Predigen prägt; es kommt von der Erinnerung her und nicht aus der Seele; es zielt auf das Gewöhnliche und nicht auf das Notwendige und Ewige. Es stimmt, dass das historische Christentum die Macht der Predigt zerstört, indem es sie von der Suche nach der moralischen Natur des Menschen trennt und damit zugleich ablöst vom Ort des Erhabenen, von den Schätzen des Erstaunens und der Macht. Welch großes Unrecht geschieht diesem Gesetz, dem Glück der Welt, das es alleinig vermag, Gedanken wahren Wert zu geben. Dieses Gesetz, dessen unfehlbare Sicherheit die astronomischen Umlaufbahnen nur andeuten, wird verdreht und herabgewürdigt, verhöhnt und niedergedrückt. Kein Wesenszug von ihm wird offenbar und kein Wort tut es kund. Die Kanzel, die dieses große Gesetz aus dem Auge verliert, verliert ihre Rechtfertigung und weiß nicht, wonach sie suchend tastet. Und weil es an dieser Kultur fehlt, ist die Seele der Gemeinde krank und ungläubig. Sie sehnt sich nach nichts so sehr, wie einer strengen, hohen, stoischen christlichen Disziplin, damit sie sich selbst und die Gottheit, die durch sie spricht, kennenlernt. Gegenwärtig schämt sich der Mensch, er schleicht und kriecht durch die Welt, nur um geduldet und bemitleidet zu werden, und nicht in tausend Jahren traut sich ein Mensch weise und gut zu sein, um als solcher von seinen Mitmenschen beweint und gesegnet zu werden.

Sicherlich gab es Zeiten, da der Intellekt in bestimmten Fragen ruhte und dadurch ein größerer Glauben an Namen und Personen möglich war. Die Puritaner in England und Amerika fanden im Christus der katholischen Kirche und in den Dogmen, die sie von Rom übernahmen, Raum für ihre nüchterne Frömmigkeit und ihre Sehnsucht nach bürgerlicher Freiheit. Doch ihre Überzeugung verblasst und keine neue nimmt ihren Platz ein. Ich glaube, niemand im Besitz seiner geistigen Kräfte kann in eine unserer Kirchen gehen, ohne das Gefühl zu haben, dass der Einfluss, den der Gottesdienst auf die Menschen ausübte, verschwunden ist oder gerade verschwindet. Er hat keinen Einfluss mehr auf die Zuneigung der Guten und auf die Furcht der Bösen. Auf dem Land *verabschieden sich* ganze Nachbarschaften, halbe Gemeinden – um einen verbreiteten Ausdruck zu verwenden. Charakterstärke und Religion verschwinden aus den religiösen Treffen. Ich habe eine fromme Person, die einst den Gottesdienst lobte, voll Bitternis im Herzen sagen hören: „Es kommt mir verderblich vor, am Sonntag in die Kirche zu gehen." Und die Besten, die dort noch hingehen, tun es, weil sie hoffen und warten. Was früher nur ein Teil des Ganzen war, dass die Besten und Schlechtesten, die Armen und Reichen, die Gebildeten und Ungebildeten der Gemeinde sich an einem Tag in einem Haus als Ausdruck der Gleichheit im Glauben versammelten, ist heute der Hauptgrund geworden, dorthin zu gehen.

Meine Freunde, ich glaube, in diesen beiden Irrtümern finde ich die Gründe für den Niedergang unserer Kirche und die um sich greifende Ungläubigkeit. Und welch größeres Unglück kann eine Nation heimsuchen, als der Verlust ihres Gottesdienstes? Dann zerfallen alle Dinge. Die Weisheit verlässt den Tempel und spukt im Senat oder auf dem Markt. Die Literatur wird frivol, die Wissenschaft kalt. Die Jugend hofft nicht mehr auf andere Welten und das Alter verliert seine Würde. Die Gesellschaft widmet ihr Leben Nichtigkeiten und wenn jemand stirbt, so stirbt er, ohne dass man seiner gedenkt.

Und nun, meine Brüder, werdet ihr fragen: Was können wir in diesen deprimierenden Zeiten tun? Die Abhilfe ist schon angedeutet in unserer Anklage gegen die Kirche, haben wir sie doch der Seele gegenübergestellt. Lasst uns also die Erlösung in der Seele suchen. Jeder Mensch ist eine Revolution. Das Alte ist gut für Sklaven. Tritt ein wahrhaftiger Mensch auf, sind alle Bücher verständlich, alle Dinge transparent und alle Religionen sittlich. Er ist religiös. Er wirkt Wunder. Der Mensch steht inmitten von Wundern. Alle Menschen können segnen und verfluchen; allein durch ein Ja oder ein Nein. Die allgemeine Erstarrung der Religion, die Annahme, dass das Zeitalter der Inspiration vergangen und die Bibel abgeschlossen sei, wie auch die Furcht, Jesus abzuwerten, wenn er als Mensch dargestellt wird, zeigen deutlich genug die Lügen unserer Theologie. Die Aufgabe eines wirklichen Lehrers ist es, uns zu zeigen, dass Gott ist und nicht war, dass er spricht und nicht sprach. Das wahre Christentum – ein Glaube wie der Glaube von Jesus an den unendlichen Menschen – ist verloren gegangen. Niemand glaubt heute an die Seele des Menschen, sondern nur an eine Person, die schon lange fort ist. Doch keiner geht alleine! Alle scharen sich in Massen um diesen Heiligen oder jenen Propheten und übersehen den Gott, der sie im Nahen und Geheimen empfängt. Im Nahen und Geheimen können sie nicht sehen, sie lieben es, blind in der Öffentlichkeit zu sein. Sie halten die Gesellschaft für weiser als ihre Seele und wissen nicht, dass eine Seele – ihre Seele – weiser ist als die ganze Welt. Seht nur, wie Nationen und Völker auf dem Meer der Zeit vorbeifahren, und keine Welle zeigt uns, wo sie schwammen oder versanken und doch lässt eine große Seele uns die Namen von Moses oder Zeno oder Zarathustra für immer verehren. Keiner unternimmt den Versuch, das Selbst der Nation oder das der Natur zu verkörpern, doch jeder ergibt sich leichtfertig einem christlichen Dogma, einer sektiererischen Gruppe oder einer berühmten Person. Sobald man das eigene Wissen von Gott und das eigene Gefühl zurückgelassen und sekundäres Wissen vom heiligen Paulus, von George Fox oder Swedenborg angenommen hat, entfernt man sich mit jedem Jahr in diesem nachgeordneten Glauben weiter von Gott. Und schließlich nach Jahrhunderten – wie heute – ist die trennende Kluft zwischen Mensch und Gott so breit geworden, dass die Menschen kaum davon überzeugt werden können, dass in ihnen auch nur ein Funke des Göttlichen ist.

Lasst mich euch ermutigen, euren Weg alleine zu gehen. Weist die großen Vorbilder zurück, sogar jene, die in der Vorstellung der Menschen heilig sind, und traut euch, Gott ohne Vermittler und ohne Schleier zu lieben. Ihr werdet genug Freunde finden, die euch Wesley und Oberlins, Heilige und Propheten zum Nacheifern vorhalten. Dankt Gott für diese guten Menschen, doch sagt: „Auch ich bin ein Mensch." Die Nachahmung kann nie besser sein als ihr Vorbild; wer nachahmt, verdammt sich zu hoffnungsloser Mittelmäßigkeit. Der ursprüngliche Neuerer tat, was er tat, weil es für ihn natürlich war und deshalb hatte es bei ihm einen Zauber. Im Nachahmenden ist etwas anderes und Neues Natur und er beraubt sich der ihm eigenen Schönheit, um beim Versuch, die eines anderen zu erreichen, zu scheitern.

Du selbst bist ein neugeborener Künder des heiligen Geistes – lass alle Konvention hinter dir und mache die Menschen mit Gott direkt bekannt. Nach ihm sollst du zuerst und alleinig suchen, sodass dir Mode, Kleidung, Autorität, Vergnügen und Geld nichts bedeuten, dass sie dir die Augen nicht schließen, sondern lebe mit dem Privileg eines unermesslichen Geistes. Zögere nicht, alle Familien deiner Gemeinde immer wieder zu besuchen. Und wenn du einen Mann oder eine Frau von ihnen triffst, dann sei für sie ein göttlicher Mensch. Biete ihnen Gedanken und Tugenden und sei ihrem ängstlichen Streben ein Freund. In deiner Gegenwart locke ihre bedrückten Gefühle freundlich hervor und lass ihre Zweifel wissen, dass auch du gezweifelt hast und ihr Erstaunen fühlen, dass auch du erstaunt warst. Indem du deinem Herzen vertraust, wirst du größeres Vertrauen in andere Menschen finden. Trotz all unserer Kleinkrämerei, trotz unserem sklavischen Hang zur Gewohnheit, der die Seele zerstört, besteht kein Zweifel daran, dass alle Menschen erhabene Gedanken haben, dass alle Menschen die wenigen wahren Stunden im Leben schätzen. Sie lieben es, gehört zu werden, sie lieben es, Teil einer Vision der ewigen Wahrheit zu sein. Hell leuchten in unserer Erinnerung die wenigen Gespräche, die wir in trüben Jahren der Gewohnheit und Sünde mit Menschen führten, die unsere Seelen erhoben, die aussprachen, was wir dachten, die uns erzählten, was wir wussten, die uns erlaubten, das zu sein, was wir im Inneren waren. Übergib den Menschen das priesterliche Amt und ihre Liebe wird dir folgen wie ein Engel, ob du anwesend oder abwesend bist.

Und lasst uns zu diesem Zweck nicht nach gewöhnlichen Werten streben. Können wir nicht die Tugend, die nach dem Lob der Gesellschaft strebt, jenen überlassen, die sie lieben, während wir selbst in die tiefe Einsamkeit von absoluter Meisterschaft und absolutem Wert vordringen? Was die Gesellschaft als gut erachtet, erreichen wir leicht. Leicht lässt sich die Anerkennung der Gesellschaft sichern und fast alle Menschen begnügen sich mit diesen seichten Verdiensten. Doch sobald man ein Gespräch mit Gott beginnt, legt man sie ab. Es gibt Menschen, die sind weder Schauspieler noch Redner, sondern Einflüsse; Menschen, die zu groß sind für Ruhm und Zurschaustellung, die Eloquenz verachten, für die alles, was wir Kunst und Künstler nennen, zu sehr nach Effekt und Nebensächlichkeit riecht, nach einem Übermaß an Begrenztem und Selbstherrlichem, nach dem Verlust des Universellen. Die Redner, Poeten und Anführer verführen uns nur, wie schöne Frauen es tun: mit unserem Einverständnis und durch unsere Bewunderung. Nimm sie nicht ernst und beschäftige dich mit anderen Dingen. Nimm sie nicht ernst, denn das kannst du dir aufgrund hoher und universeller Ziele erlauben und sie bemerken sofort, dass du im Recht bist und dass ihr Licht nur in Niederungen leuchtet. Sie fühlen es, denn auch sie sind wie du offen für den Einfluss des allwissenden Geistes, der in seinem hellen Mittagslicht alle Schattierungen und Unterschiede der Intelligenz auflöst und das öffnet, was wir Weisheit oder höchste Weisheit nennen.

In dieser erhabenen Übereinstimmung lasst uns nun in groben Strichen ein Bild der Rechtschaffenheit zeichnen: beherzte Wohltätigkeit; Unabhängigkeit von Freunden, sodass nicht wohl meinende Wünsche derer, die uns lieben, unsere Freiheit einschränken – auch um der Wahrheit willen sollten wir unsere Sympathien nicht zu früh verteilen; eine feste verdienstvolle Persönlichkeit, jenseits allen Scheins, die wesenhaft

Tugend verkörpert, sodass sie intuitiv und im Stillen die richtigen, tapferen und großzügigen Schritte vollzieht. Einen Wirrkopf lobt man für seine guten Taten, nicht aber einen Engel. Ein Schweigen, das persönliche Verdienste als das Natürlichste auf der Welt annimmt, ist der größte Applaus. Wenn solche Seelen auftreten, sind sie die erste Garde der Tugend, die unerschöpfliche Reserve, die Gebieter über das Schicksal. Es ist nicht nötig, ihren Mut zu preisen – sie selbst sind das Herz und die Seele der Natur. Oh, meine Freunde, in uns schlummern Kräfte, die wir nicht geweckt haben. Es gibt Menschen, die sich frisch erneuern, wenn sie von einer Bedrohung hören. Es gibt Männer, die sich nach einer Krise, die die Mehrheit erschreckt und lähmt, da sie nicht Vorsicht, Sparsamkeit und Vernunft, sondern Auffassungsgabe, Standhaftigkeit und Opferbereitschaft erfordert, so sehnen wie nach einer Braut. Napoleon sagte von Masséna, dass er nicht er selbst gewesen sei, bis die Schlacht begann. Als die Reihen um ihn fielen, erwachte jedoch sein Geist und er trug den Kampf und den Sieg wie ein Gewand. Gerade in harten Krisen, in geduldigem Ertragen mit festen Zielen vor Augen, zeigt sich der Engel. Doch sind dies Höhen, an die wir uns kaum erinnern und zu denen wir nicht ohne Zerknirschung und Scham hinaufblicken. Lasst uns Gott danken, dass es solche Dinge gibt.

Und nun lasst uns tun, was wir können, um das schwelende, beinahe erloschene Feuer auf dem Altar neu zu entfachen. Die Fehler der Kirche, so wie sie heute bestehen, sind greifbar. Die Frage, was wir tun sollen, stellt sich erneut. Ich bin davon überzeugt, dass alle Versuche, einen Kult mit neuen Ritualen und Zeremonien zu entwerfen und einzuführen, vergeblich sind. Der Glaube macht uns, wir nicht ihn und der Glaube macht seine eigenen Rituale. Alle Versuche, ein System zu ersinnen, sind so kalt wie die Verehrung der Göttin der Vernunft, wie sie die

Franzosen einführten – heute nur Kulisse und Ornament, die morgen in Wahnsinn und Mord enden. Atmet lieber den Atem neuen Lebens durch die Rituale, die schon existieren. Denn seid ihr erst zum Leben erweckt, werdet ihr feststellen, dass sie formbar und neu sind. Das Mittel zu ihrer Besserung ist erstens die Seele, zweitens die Seele und nochmals die Seele. Ein tugendhafter Impuls kann ein ganzes Papsttum an Ritualen ersetzen oder neu beleben. Zwei unschätzbare Vorteile hat uns das Christentum gegeben. Erstens den Ruhetag und Sabbat, den Freudentag zu Ehren der ganzen Welt, dessen Licht ebenso in der Einkehr des Philosophen, in der Werkstatt wie in der Gefängniszelle willkommen ist und der jedem, auch dem Gemeinen, die Würde des geistigen Daseins vor Augen führt. Bewahrt ihn für immer als Tempel, in dem neue Liebe, neuer Glaube und neue Einsicht die Menschheit zu höherem Glanz führen. Und zweitens die Institution der Predigt – die Rede eines Menschen zu anderen Menschen – seiner Natur nach das anpassungsfähigste aller Instrumente, aller Rituale. Was hält dich davon ab, heute und an allen Orten, in Kanzeln, Vortragssälen, Häusern und auf Feldern, wo immer die Einladung dazu besteht oder sich die Gelegenheit dazu ergibt, von der großen Wahrheit zu erzählen – so wie dein Leben und dein Gewissen sie lehren – und dadurch die wartenden, furchtsamen Herzen der Menschen mit neuer Hoffnung und neuer Offenbarung zu beleben?

Ich erwarte die Stunde, in der die höchste Schönheit, die die Seelen der östlichen Menschen, vor allem die der Hebräer, hinriss und die durch ihre Lippen für die Ewigkeit sprach, auch im Westen sprechen wird. Die hebräischen und griechischen Schriften enthalten unsterbliche Sätze, die für Millionen das Brot des Lebens waren. Doch diese Schriften sind nicht episch geschlossen, sind bruchstückhaft und ohne Reihenfolge. Ich warte auf den neuen Lehrer, der den leuchtenden Gesetzen soweit folgt, dass er sieht, wie sie sich zu einem Kreis schließen – sieht, wie sich der Kreis in Anmut vollendet – sieht, dass die Welt der Spiegel der Seele ist – sieht, dass das Gesetz der Gravitation und die Reinheit des Herzens eins sind – und der zeigt, dass das Sollen, die Pflicht, eins ist mit Wissenschaft, mit Schönheit und Freude.

Thoreau

1862

Henry David Thoreau war der letzte männliche Nachkomme eines französischen Einwanderers, der von der Insel Guernsey in die Vereinigten Staaten von Amerika gekommen war. In seinem Wesen verbanden sich das Blut seiner Herkunft, das manchmal in seinem Verhalten aufblitzte, und sehr starke angelsächsische Charakterzüge in einer einzigartigen Weise.

Thoreau wurde am 12. Juli 1817 in Concord, Massachusetts geboren. Er graduierte 1837 an der Harvard-Universität, allerdings ohne jede Auszeichnung. Als Bilderstürmer der Literatur dankte er den Universitäten selten für das, was sie für ihn getan hatten, und achtete sie wenig. Doch tatsächlich verdankte er ihnen viel. Nach dem Studium unterrichtete er gemeinsam mit seinem Bruder an einer Privatschule, gab dies jedoch bald wieder auf. Sein Vater war ein Bleistifthersteller und Henry widmete sich eine Zeit lang diesem Handwerk, weil er glaubte, bessere als die herkömmlichen Bleistifte herstellen zu können. Nach dem Abschluss seiner Experimente zeigte er seine Arbeit Chemikern und Künstlern in Boston und nachdem diese ihm eine ähnlich hervorragende Qualität, wie die der besten Londoner Hersteller bescheinigt hatten, kehrte er zufrieden nach Hause zurück. Seine Freunde gratulierten ihm zu dem Erfolg und erklärten, dass nun seinem Weg zu Reichtum und Glück nichts mehr im Wege stehe. Doch er entgegnete, dass er nun keinen einzigen Bleistift mehr anfertigen wolle. „Wozu? Ich will nicht wieder tun, was ich schon einmal getan habe.“ Er nahm seine endlosen Spaziergänge und seine verschiedenen Studien wieder auf und machte jeden Tag aufs Neue Bekanntschaft mit der Natur. Doch obwohl er großes Interesse an den Erscheinungen der Natur hatte, sprach er noch nicht von Zoologie oder Botanik, denn die technische und beschreibende Wissenschaft interessierte ihn nicht.

In jener Zeit, als starker und gesunder junger Mann, frisch von der Universität, musste er sich unvermeidlich denselben Fragen stellen wie seine Freunde es taten, die einen Beruf wählten oder eine einträgliche Anstellung annahmen, und es bedurfte einer seltenen Entschlusskraft, sich den gewohnten Wegen zu verweigern, um eine einsame Freiheit zu behalten und die natürlichen Erwartungen seiner Familie und Freunde zu enttäuschen. Dies galt umso mehr, da er sehr redlich war, gewissenhaft für seine Unabhängigkeit sorgte und jedem Menschen denselben Respekt entgegenbrachte. Thoreau zauderte nie. Er war ein geborener Rebell. Er lehnte es ab, seinen großen Wissens- und Tatendurst für irgendein Handwerk oder einen Beruf, der ihn einschränken würde, zu opfern, denn er verfolgte ein umfassenderes Ziel: Die Kunst, gut zu leben. Wenn er die Meinung anderer gering schätzte und sich über sie hinwegsetzte, dann nur deshalb, weil er seine Handlungen mit seinem Glauben in Einklang bringen wollte. Er war nie faul oder undiszipliniert und wenn er Geld brauchte, dann entschied er sich dafür, es mit körperlicher Arbeit, die er gern machte, zu verdienen. Dann baute er ein Boot oder einen Zaun, pflanzte oder veredelte Bäume, vermaß Land oder verschaffte sich eine andere kurzfristige Tätigkeit, die er dauerhaften Beschäftigungen vorzog. Seine robuste Wesensart und Anspruchslosigkeit, sein Geschick im Umgang mit Holz und seine hervorragenden mathematischen Fähigkeiten hätten es ihm ermöglicht, in jedem Teil der Welt zu leben. Er brauchte weniger als andere, um seine Bedürfnisse zu stillen. Auf diese Weise sicherte er sich auch viel freie Zeit.

Ein natürliches Talent für die Vermessung, das seinen mathematischen Kenntnissen entsprang, und seine Gewohnheit, die Maße und Distanzen von Landmarken, die ihn interessierten, festzustellen, die Höhe von Bäumen, die Tiefe und Breite von Teichen und Flüssen, die Höhe und die Entfernung seiner liebsten Berge – all das und seine genaue Kenntnis des Gebiets um Concord ließen ihn nach und nach den Beruf des Landvermessers ergreifen. Der Vorzug dieses Berufs lag für ihn darin, dass er ihn ständig in neue, abgelegene Gegenden führte, was seinen Naturstudien entgegenkam. Seine Sorgfalt und Sachkenntnis wurden bald geschätzt und er bekam jede Arbeit, die er wollte.

Die Probleme, die sich ihm als Vermesser stellten, löste er leicht, doch täglich beschäftigten ihn tiefsinnigere Fragen und er stellte sich ihnen beherzt. Er hinterfragte jede Gewohnheit und strebte danach, seine Handlungen auf eine ideale Grundlage zu stellen. Er war ein Rebell *in extremis* und wenige Leben sind so entsagungsreich wie es seines war. Er wurde in keinem Beruf erzogen, er heiratete nie, er lebte allein, er ging nie in die Kirche, er wählte nie, er weigerte sich, dem Staat Steuern zu zahlen, er aß kein Fleisch, er trank keinen Wein, er rauchte keinen Tabak und obwohl er Naturforscher war, benutzte er weder Fallen noch ein Gewehr. Er zog es vor, so wie es ihm vernünftig schien, ein Junggeselle des Denkens und der Natur zu sein. Für Reichtum hatte er kein Talent und er wusste elegant und ohne eine Spur von Verwahrlosung arm zu sein. Vielleicht fiel ihm dieses Leben zu, ohne dass er es geplant hatte, doch mit später Weisheit schätzte er es. „Ich werde oft daran erinnert," schrieb er in sein Tagebuch, „dass, wenn ich mir den Reichtum von Krösus erarbeitet hätte, meine Ziele und Vorhaben noch immer dieselben sein müssten." Er kämpfte gegen keine Versuchungen – keine Gelüste, keine Leidenschaften und fand kein Gefallen an eleganten Nichtigkeiten. Ein schönes Haus, eine feine Garderobe, das Gebaren und die Sprache von vornehmen Leuten kümmerten ihn nicht. Er zog die Gesellschaft eines redlichen Indianers vor und hielt gesellschaftliche Konventionen für ein Hindernis im Gespräch, da er seinem Gegenüber so natürlich und einfach wie möglich begegnen wollte. Einladungen zu Dinner-Partys lehnte er ab, denn jeder war sich dort selbst im Wege und für ihn hatten sie keinen praktischen Sinn. „Sie sind stolz darauf, wenn ihr Abendessen viel kostet“, sagte er, „ich bin stolz darauf, wenn mein Abendessen wenig kostet.“ Als er bei Tisch gefragt wurde, was man ihm reichen solle, antwortete er: „Mir reicht das, was mir am nächsten steht.“ Er trank keinen Wein und lebte sein Leben ohne Laster. Er sagte: „Ich erinnere mich daran, dass ich als Junge Lilienstängel rauchte und gewöhnlich hatte ich einen Vorrat davon. Etwas Schädlicheres rauchte ich nie.“

Er entschied sich dafür, reich zu sein, indem er seine Bedürfnisse beschränkte und sie selbst stillte. Wenn er reiste, nahm er die Eisenbahn nur, um zum Ort seiner Tätigkeit zu kommen. Dort wanderte er dann hunderte von Meilen, mied Gasthäuser und nahm bevorzugt und für wenig Geld Unterkunft bei Bauern und Fischern, denn hier fand er die Menschen und das Wissen, das er suchte.

Sein Wesen hatte etwas Militärisches, das sich nicht unterdrücken ließ. Stets war er männlich und zupackend, selten sanft; es schien, als spürte er sich nicht – außer im Zustand der Rebellion. Wollte er einen Irrtum aufdecken oder einen Fehler anprangern, dann bedurfte es der Aussicht auf einen Sieg oder einen Trommelwirbel, um seine ganze Kraft zu erwecken. Nein zu sagen, kostete ihn nichts; es war für ihn leichter, als Ja zu sagen. Er war so unzufrieden mit den Beschränkungen unserer alltäglichen Gedanken, dass es sein erster Instinkt war zu widersprechen, wenn er eine Behauptung hörte. Natürlich wirkte sich diese Gewohnheit hinderlich auf seine sozialen Beziehungen aus und obwohl sein Gegenüber ihm am Ende keinen bösen Willen oder keine Unaufrichtigkeit unterstellte, verdarb es doch das Gespräch. Daher stand auch niemand in ganz enger Beziehung zu ihm, obwohl er rein und harmlos war.

„Ich liebe Henry", sagte einer seiner Freunde, „aber ich mag ihn nicht: Seinen Arm zu ergreifen, erscheint mir so, als ergreife man den Arm einer Ulme."

Einsiedlerisch und stoisch wie er war, suchte er doch Sympathie und er warf sich kindlich und mit ganzem Herzen in die Gesellschaft junger Leute, die er liebte. Es machte ihm viel Freude, sie zu unterhalten und er erzählte auf seine einzigartige Weise bunte und endlose Geschichten von seinen Streifzügen durch die Wälder und an die Seen. Er war immer sofort bereit, einen Heidelbeerausflug zu machen oder gemeinsam mit anderen nach Kastanien oder Trauben zu suchen. Eines Tages nahm er ein Stadtgespräch zum Anlass und erklärte, er sei der Meinung, dass alles, was dem Publikum gefalle, schlecht sei. Ich antwortete: „Wer schreibt nicht gerne etwas, das jeder lesen kann, so wie den ‚Robinson Crusoe'? Und wer ist nicht beglückt, wenn es ihm gelingt, den Stoff so zu bearbeiten, dass es jeden erfreut?" Henry widersprach natürlich und pries Vorträge, die nur wenige Menschen erreichen. Doch beim anschließenden Abendessen wurde er von einem kleinen Mädchen, das gehört hatte, dass er im Lyzeum sprechen würde, in strengem Ton gefragt: „Enthält der Vortrag eine schöne, interessante Geschichte, wie ich sie gerne höre oder geht es um alte philosophische Sachen, mit denen ich nichts anfangen kann?" Henry wandte sich dem Kind zu und ich konnte sehen, wie er überlegte und mit sich rang und versuchte, sich selbst glauben zu machen, dass sein Thema ihr und ihrem Bruder angemessen sei und es deswegen auch richtig sei, beide Kinder an diesem Abend länger aufbleiben zu lassen.

Er war ein geborener Verkünder der Wahrheit, der sie auch durchsetzen konnte, und als solcher geriet er oft in dramatische Situationen. Diejenigen, die sich aus den Kontroversen heraushielten, waren immer daran interessiert, welche Partei Henry ergreifen und was er sagen würde. Und er enttäuschte ihre Erwartungen nie, sondern traf in jeder kritischen Lage ein unabhängiges Urteil. 1845 baute er sich ein kleines Blockhaus am Ufer des Walden Sees und lebte dort zwei Jahre ein einsames Leben der Arbeit und des Studiums. Dies war eine ursprüngliche Tat und sie passte zu ihm. Niemand der ihn kannte, hätte ihn als affektiert bezeichnet. Er war seinen Nachbarn im Geist fremder als im praktischen Leben. Sobald sich die Vorzüge der Einsamkeit für ihn erschöpft hatten, kehrte er in die Gesellschaft zurück. 1847 weigerte er sich, seine Gemeindesteuer zu bezahlen, da er mit der Art und Weise, wie sie verwendet wurde, teilweise nicht einverstanden war und musste deshalb ins Gefängnis. Ein Freund zahlte die Steuer für ihn und er kam frei. Im nächsten Jahr drohte die Situation sich zu wiederholen. Doch als seine Freunde trotz seines Protests erneut die Steuer zahlten, gab er, soweit ich weiß, seinen Widerstand auf. Widerspruch oder Spott hatten für ihn keine Bedeutung. Kühl und gelassen legte er seine Meinung dar, ohne so zu tun, als müsse sie auch die Meinung anderer sein. Es war für ihn ohne Belang, wenn alle Anwesenden die entgegengesetzte Meinung vertraten. Einmal ging er in die Bibliothek der Universität, um sich Bücher zu besorgen. Der Bibliothekar weigerte sich, sie ihm zu leihen. Thoreau wandte sich daraufhin an den Präsidenten der Bibliothek, der ihm die Regeln und Leihbedingungen erklärte. Nach ihnen durften Bücher nur an Personal der Universität, Mitglieder des Klerus, die ehemalige Studenten waren, und einigen andere Personen, die im Umkreis von zehn Meilen um die Bibliothek wohnten, ausgeliehen werden. Thoreau sagte dem Präsidenten, dass die Eisenbahn den alten Maßstab der Entfernungen vernichtet habe – dass mit diesen Regeln die Bibliothek unnütz sei, ja dass mit ihnen auch die gesamte Universität und ihr Präsident nutzlos seien – dass die größte Wohltat der Universität für ihn die Bibliothek sei – dass sein Wunsch nach Büchern im Moment nicht nur zwingend sei, sondern er viele Bücher benötige und er versicherte ihm, dass er, Thoreau, und nicht der Bibliothekar, ihr geeigneter Verwalter sei. Kurzum, der Präsident fand den Bittsteller so außerordentlich und die Ausleihbedingungen erschienen ihm – in diesem neuen Licht dargestellt – so lächerlich, dass er ihm am Ende ein Privileg einräumte, das sich tatsächlich als unbeschränkt erweisen sollte.

Es gab keinen wahrhaftigeren Amerikaner als Thoreau. Seine Vorliebe für sein Land und dessen Möglichkeiten war ursprünglich und seine Abneigung gegenüber englischen und europäischen Sitten und Moden grenzte an Verachtung. Neuigkeiten und Bonmots aus Londoner Kreisen vernahm er unwillig und obwohl er sich bemühte, freundlich zu sein, ermüdeten ihn diese Anekdoten. Die Menschen imitieren einander und sind in kleinsten Kreisen gefangen. Warum leben sie nicht so weit wie möglich voneinander entfernt und jeder als Mensch für sich? Thoreau suchte die ursprüngliche Natur und wünschte sich, nach Oregon zu reisen und nicht nach London. „Überall in Großbritannien", schrieb er in sein Tagebuch, „entdeckt man die Spuren der Römer, ihre Urnen, ihre Lager, ihre Straßen und ihre Behausungen. Aber Neuengland ist zum Glück nicht auf römische Ruinen gebaut. Wir sind nicht gezwungen, die Fundamente unserer Häuser auf den Resten einer früheren Zivilisation zu errichten."

Auch wenn Thoreau idealistisch war – er trat für die Abschaffung der Sklaverei, die Abschaffung der Zölle, ja fast für die Abschaffung der Regierung ein – so erübrigt es sich zu sagen, dass er weder in der Politik seine Interessenvertretung fand noch in anderen sozialen Reformbewegungen. Doch zollte er der Partei für die Abschaffung der Sklaverei seine uneingeschränkte Hochachtung. Einen Mann, den er persönlich kannte, hielt er in besonders hohem Ansehen. Noch bevor ein Wort des Lobes für Captain John Brown gesprochen worden war, nach dessen Verhaftung, verschickte er an die Haushalte in Concord Einladungen zu einer Rede über das Wesen und den Charakter von John Brown und lud jeden ein, an jenem Sonntagabend zu kommen. Das Komitee der Republikaner und das der Partei für die Abschaffung der Sklaverei ließ ihn wissen, dass dieser Schritt verfrüht und nicht ratsam sei. Seine Antwort: „Ich habe nicht um Rat gebeten, sondern angekündigt, dass ich sprechen werde." Der Gemeindesaal war schon früh mit Mitgliedern aus allen Parteien besetzt und die Anwesenden vernahmen seine Rede mit Respekt und mit einer Sympathie für John Brown, die sie selbst überraschte.

Von Plotin wird gesagt, dass er sich seines Körpers schämte und er hatte wahrscheinlich gute Gründe dafür: Sein Körper war ihm fremd und so war sein Umgang mit der materiellen Welt insgesamt unsicher, wie es oft bei vergeistigten Menschen der Fall ist. Thoreau war mit einem sehr anpassungsfähigen und robusten Körper gesegnet. Er war von kleiner Statur, kräftig, mit heller Gesichtsfarbe, mit starken, ernsten blauen Augen und einem prägenden Merkmal – er trug in späteren Jahren einen würdigen Bart. Seine Sinne waren scharf, sein Körperbau drahtig und zäh, seine Hände kräftig und geschickt im Umgang mit Werkzeugen. Sein Körper und sein Geist befanden sich auf wunderbare Weise im Einklang. Er konnte eine Strecke von 80 Metern genauer abschreiten, als ein anderer sie mit einem Maßband messen konnte. Er sagte, er finde seinen Weg nachts im Wald mit den Füßen besser als mit den Augen. Die Maße eines Baums bestimmte er allein mit dem Auge und das Gewicht eines Kalbs oder eines Schweins schätze er so gut wie ein Viehhändler. Aus einer Schachtel mit losen Bleistiften entnahm er mit einem Handgriff ein

Dutzend oder mehr. Er war ein guter Schwimmer, Läufer, Eisläufer und Ruderer und konnte wahrscheinlich an einem Tag weiter wandern als die meisten seiner Landsleute. Das Verhältnis seines Körpers zu seinem Geist war noch feiner, als ich angedeutet habe. Er sagte, er begehre jeden Schritt, den seine Beine machten. Der Länge seiner Wanderungen entsprach die Länge seiner Schriften. Hielt er sich nur im Haus auf, schrieb er nicht.

Sein gesunder Menschenverstand war wie der, den Rose Flammock, die Tochter des Webers in Scotts Romanze, in ihrem Vater erkennt und mit einem Zollstock vergleicht, der dazu taugt sowohl Leinen und Windelstoff als auch Gobelins und Goldbrokat zu messen. Ihm kamen immer wieder neue Ideen. Als ich Bäume pflanzen wollte und schon einen Eimer Eicheln gesammelt hatte, meinte er, dass nur wenige von ihnen taugten und fing an, sie zu untersuchen und die guten auszusortieren. Doch als er feststellte, dass dies zu lange dauerte, erklärte er: „Ich glaube, wenn man sie ins Wasser legt, sinken die guten ab“ – ein Experiment, das wir sogleich mit Erfolg ausführten. Er konnte einen Garten anlegen, ein Haus oder eine Scheune entwerfen und wäre sicher auch dazu in der Lage gewesen, eine „Expedition zur Erforschung des Pazifik“ zu leiten. In allen bedeutenden privaten und öffentlichen Angelegenheiten konnte er gute Ratschläge geben. Er lebte für den Tag, unbelastet und unbeschwert durch die Erinnerung. Hatte er dir gestern eine neue Idee vorgestellt, so kam er heute mit der nächsten, die nicht weniger revolutionär war. Als ein überaus fleißiger Mensch, der, wie alle gut organisierten Menschen, die Zeit hoch schätzte, schien er in der Stadt der einzige zu sein, der noch über freie Zeit verfügte. Und so war er stets für einen anregenden Ausflug zu gewinnen oder für ein Gespräch, das bis in die späten Abendstunden dauerte. Sein scharfer Verstand litt nie unter seiner praktischen Alltagsweisheit, sondern war immer wach und auf Neues vorbereitet. Er liebte einfaches Essen, doch wenn jemand gemüsereiche Kost predigte, verwarf Thoreau alle Arten von Diät und erklärte, „derjenige, der Büffel schießt, lebt besser, als derjenige, der im Graham House tafelt.“ Er sagte auch: „Man kann neben der Eisenbahnstrecke schlafen und doch niemals gestört werden. Die Natur weiß sehr wohl, welche Geräusche Zuwendung verdienen und welche nicht und sie hat sich entschieden, das Pfeifen des Zugs nicht zu hören. Die Dinge respektieren eine ergebene Seele und geistige Erfüllung wurde noch nie unterbrochen.“

Wiederholt geschah es, dass er, nachdem er aus der Ferne eine seltene Pflanze erhalten hatte, sie nur wenig später auf einer seiner Wanderungen in der Nachbarschaft fand. Er hatte die Art von Glück, die nur gute Spieler haben. So wanderte er eines Tages mit einem Fremden und als dieser ihn fragte, wo man indianische Pfeilspitzen finden könne, antwortete er „überall“ und beugte sich im selben Moment vor und hob eine vom Boden auf. In der Tuckerman Schlucht am Mount Washington stürzte Thoreau schwer und verstauchte sich den Fuß. Als er gerade dabei war wieder aufzustehen, sah er zum ersten Mal die Blätter einer *Arnica mollis*.

Sein fester gesunder Menschenverstand, der mit kräftigen Händen, einer scharfen Auffassungsgabe und einem starken Willen ausgestattet war, erklärte noch nicht die Überlegenheit, die aus seinem einfachen und verborgenen Leben strahlte. Noch wichtiger war, dass er über eine Weisheit verfügte, die nur einer seltenen Art von Menschen gegeben ist, und die ihm die materielle Welt als Mittel und Symbol offenbarte. Diese Entdeckung, die Dichtern manchmal ein gewisses oberflächliches und gebrochenes Licht verleiht und ihr Schreiben kunstvoll erscheinen lässt, war bei ihm hellwache Einsicht; und einerlei welche Leidenschaften des Temperaments die große himmlische Vision verschleierten, er folgte ihrem Gebot stets und beständig. In seiner Jugend sagte er einmal: „Die andere Welt ist meine ganze Kunst, mein Stift wird keine andere zeichnen, mein Taschenmesser keine andere schnitzen, und ich werde sie nie lediglich als Mittel zum Zweck gebrauchen." Dies waren die Muse und der Geist, die seine Meinungen, Gespräche, Studien, seine Arbeit und sein Leben beherrschten. Dies machte ihn zu einem suchenden Richter der Menschen. Mit einem Blick ermaß er sein Gegenüber und konnte einen Menschen, wenngleich unempfänglich für die feineren Fäden der Kultur, sehr gut in Substanz und Wert einschätzen. Daher der Eindruck eines Genies, den man oft in Gesprächen mit ihm hatte.

Er verstand Dinge auf den ersten Blick, sah die Beschränkungen und die Armut jener, mit denen er sprach und nichts blieb seinem durchdringenden Auge verborgen. Ich habe wiederholt bemerkt, wie feinfühlige junge Menschen sich innerhalb eines Augenblicks davon überzeugten, dass dies der Mensch sei, den sie suchten, der Mensch der Menschen, der ihnen ihren Weg zeigen könnte. Thoreau indes behandelte sie nie warmherzig, sondern überlegen und belehrend. Er verspottete ihre belanglosen Interessen, um dann doch im einen oder anderen Fall zu versprechen, Zeit mit ihnen zu verbringen, und manche lud er sogar zu sich nach Hause ein. Mit ihnen zu wandern war nicht seine Art. Nichts war ihm so wichtig wie seine Spaziergänge und Wanderungen. Sie waren ihm zu schade, um sie in Gesellschaft zu verbringen. Geachtete Persönlichkeiten wollten ihn besuchen, doch er lehnte ab. Freunde, die ihn bewunderten, luden ihn ein, auf ihre Kosten zum Yellowstone Fluß, auf die westindischen Inseln oder nach Südamerika zu reisen. Doch er lehnte entschieden und wohlüberlegt ab auf eine Weise, die einen an die Antwort des Schlitzohrs Brummel erinnerte, dem ein Herr in einem Regenguss seine Kutsche anbot und der darauf antwortete: „Doch womit fahren Sie dann?“ Und an was für vorwurfsvolles Schweigen und an was für tiefschürfende und unwiderstehliche Reden, die jedes nachdrückliche Angebot abschmetterten, erinnern sich seine Zeitgenossen!

Thoreau widmete sich mit einer Liebe den Feldern, Hügeln und Gewässern seines Geburtsortes, dass sie allen Amerikanern und sogar Lesern außerhalb von Amerika bekannt wurden und sie sich für sie interessierten. Den Fluss, an dessen Ufer er geboren wurde und starb, kannte er von der Quelle bis zur Mündung in den Merrimack. Über viele Jahre hinweg hatte er auf ihm im Sommer und im Winter und zu jeder Tages- und Nachtzeit Beobachtungen gemacht. Zu den Ergebnissen der jüngsten Studie des Gewässer-Beauftragten des Staates Massachusetts war er durch private Experimente schon viele Jahre zuvor gelangt. Jede Erscheinung des Flusslebens – das Flussbett, die Ufer oder die Luft darüber – die Fische, ihre Fortpflanzung und Brutstellen, ihre Verhaltensweisen, ihre Nahrung – die Alsenfliegen, die an einem Abend im Jahr die Luft erfüllen und dann von den Fischen so gierig gefangen werden, dass viele sich überfressen und sterben – die kegelförmigen Haufen kleiner Steine in den Untiefen, manchmal größer als eine Karrenladung, diese riesigen Brutplätze voller kleiner Fische – die Vögel, die an den Fluss kommen, Reiher, Ente, Brandente, Taucher, Fischadler – die Schlange, der Bisam, der Otter, das Murmeltier und der Fuchs am Ufer – die Schildkröte, der Wasserfrosch, der Laubfrosch, die Grille, die dem Ufer ihre Stimme geben – Thoreau kannte sie alle und betrachtete sie als Mitbürger und Lebewesen, die ihm gleich waren. Sie waren es für ihn so sehr, dass er es als absurd und gewalttätig empfand, sie nur einzeln und isoliert zu beschreiben, ihre Größe zu vermessen, ihre Skelette auszustellen oder ein Eichhörnchen oder einen Vogel in Alkohol zu konservieren. Er sprach vom Wesen des Flusses, als sei er selbst ein Geschöpf mit Rechten, doch tat er dies stets mit Genauigkeit und immer auf der Basis von beobachteten Tatsachen. Wie den Fluss kannte er auch die umliegenden Seen.

Ein Mittel, das er verwendete und das ihm wichtiger war als anderen Naturforschern ihr Mikroskop und Präparationsbesteck, entsprang seinen Vorlieben und erwies sich als folgenreich: Er stellte seine Gemeinde und seine Nachbarschaft ins Zentrum seiner Naturbeobachtungen. So wies er darauf hin, dass die Flora von Massachusetts fast alle wichtigen Baumarten Amerikas umfasste – die meisten Eichen- und Weidenarten, die schönsten Kiefern, die Esche, den Ahorn, die Buche und viele Nussbaumarten. Kanes Buch „Arktische Reise" gab er einem Freund, von dem er es entliehen hatte, mit der Bemerkung zurück: „Die meisten dort beschriebenen Phänomene finden sich auch in Concord." Dennoch schien er die Polarregion wegen des „ewigen Tags" und der „ewigen Nacht" im Halbjahreswechsel auch etwas neidisch zu betrachten – das waren erstaunliche Verhältnisse, die ihm Annursnac nicht bieten konnte. Auf einem seiner Spaziergänge fand er roten Schnee und erzählte mir, dass er nun damit rechne, die *Victoria regia* in Concord zu finden. Er war der Anwalt der einheimischen Pflanzen und gab Gräsern gegenüber größeren Pflanzen den Vorzug, wie er auch Indianer über die sogenannten zivilisierten Menschen stellte. Mit Vergnügen bemerkte er, dass die Bohnenstangen aus Weide im Garten seines Nachbarn kräftiger sprossen als die gestützten Bohnenpflanzen selbst. „Schau diese Unkräuter an," sagte er, „die jedes Frühjahr und jeden Sommer von Millionen von Bauern gejätet werden und die trotzdem noch da sind und die gerade jetzt überall triumphierend hervorbrechen, auf allen Wegen, Wiesen, Feldern, das ist ihre Lebenskraft. Wir haben sie auch noch mit gemeinen Namen bestraft – Gänsefuß, Wermut und Vogelmiere." Doch vergaß er auch die mit den großartigen Namen nicht – Ambrosia, Stellaria, Amelanchier, Amaranth etc.

Ich glaube, seine Vorliebe alles auf den nahen Umkreis von Concord zu beziehen, entsprang keiner Geringschätzung anderer Gegenden, sondern war ein Ausdruck seiner Überzeugung, dass kein Ort bedeutender sei als ein anderer, und dass der beste Platz für jeden Menschen der sei, auf dem er stehe. Er drückte es einmal so aus: „Ich glaube, man kann von einem Menschen nichts erwarten, wenn die Erde unter seinen Füßen ihm nicht näher ist, als jede andere in dieser oder in irgendeiner anderen Welt."

Die andere Strategie, mit der er alle wissenschaftlichen Probleme löste, war Geduld. Er konnte unbeweglich dasitzen und zum Fels werden, auf dem er saß, bis der Vogel, die Echse, der Fisch, eben das Tier, das vor ihm geflohen war, zurückkam und seinen gewohnten Verhaltensweisen nachging, nein, womöglich noch neugierig zu ihm kam und ihn beobachtete.

Es war ein Vergnügen und ein Privileg, mit ihm zu wandern. Er kannte das Land wie ein Fuchs oder ein Vogel und durchstreifte es nach Lust und Laune auf seinen eigenen Pfaden. Er erkannte jede Fährte und wusste, welches Tier den Pfad vor ihm gegangen war. Einem solchen Führer musste man sich ganz unterordnen, doch die Belohnung war groß. Unter seinem Arm trug er ein altes Notenbuch mit dem er Pflanzen presste. In seinen Taschen befanden sich ein Tagebuch samt Stift, ein Fernglas zur Beobachtung von Vögeln, ein Mikroskop, ein Taschenmesser sowie ein Stück starker Bindfaden. Thoreau trug einen Strohhut, festes Schuhwerk und robuste graue Hosen, um sich vor Gestrüpp und Dornen zu schützen, aber auch, um auf Bäume zu den Nestern von Eichhörnchen oder Falken klettern zu können. Ich erinnere mich an einen Tag, da watete er in einem Teich, um Wasserpflanzen zu untersuchen; seine kräftigen Beine waren kein unwesentlicher Teil seiner Ausrüstung. Er suchte Fieberklee, den er am gegenüberliegenden Ufer des Teichs entdeckte und er fand, nachdem er die Einzelblüten untersucht hatte, heraus, dass sie seit fünf Tagen offen waren. Dann zog er sein Tagebuch aus der Brusttasche und ermittelte dort alle Pflanzen, die an diesem Tag ihre Blüten öffnen sollten. Über solche Dinge führte er Buch wie ein Bankier über seine Abrechnungen. Der Frauenschuh, so erklärte er, öffne seine Blüten erst morgen. Er war davon überzeugt, dass er, wenn er sich, aus einem langen Schlaf erwachend, plötzlich in diesem Sumpf wiederfände, innerhalb von zwei Tagen wüsste, um welche genaue Zeit des Jahres es sich handle. Der Rotschwanz flog umher, und auch die prächtigen Kernbeißer, deren leuchtendes Rot den ungeübten Betrachter sich die Augen reiben lässt und deren feinen klaren Gesang Thoreau mit dem der Prachtmeise nur ohne dessen Heiserkeit verglich. Dann hörte er die Stimme eines Vogels, den er den Nachtsänger nannte. Obwohl er den Vogel seit zwölf Jahren suchte, konnte er ihn bisher nie bestimmen, denn immer, wenn er ihn sah, flog er in einen Baum oder in ein Gesträuch, in dem er ihn nicht mehr fand. Er war der einzige Vogel, der sowohl tagsüber als auch nachts sang. Ich sagte ihm, er solle sich davor hüten, ihn zu finden und in seine Bücher aufzunehmen, da ihm sonst sein Lebenssinn abhanden komme. Er antwortete: „Was man sein halbes Leben lang vergeblich sucht, das findet man eines Tages vor der Nase, vielleicht während man mit der Familie zu Abend isst. Man verfolgt es wie die Verwirklichung eines Traums, doch sobald man es findet, verfällt man in Depressionen."

Sein Interesse an einer Blume oder an einem Vogel kam tief aus seinem Herzen und entstammte seiner Verbindung zur Natur – er machte nie den Versuch, die Natur zu definieren. Auch weigerte er sich, der Gesellschaft für Naturgeschichte einen Bericht seiner Beobachtungen zukommen zu lassen. „Warum sollte ich? Die Beschreibung aus ihren Beziehungen zu meinem Geist herauszulösen, würde sie für mich unwahr und wertlos machen; und was deshalb zu ihr gehört, das möchte die Gesellschaft nicht haben." Wegen der Kraft seiner Beobachtungsgabe glaubte man, er habe zusätzliche Sinne. Er sah, wie andere mit dem Mikroskop sehen, hörte, wie andere mit dem Hörrohr hören, und sein Gedächtnis war wie ein fotografisches Archiv von allem, was er je gesehen und wahrgenommen hatte. Und trotzdem wusste niemand besser als er, dass es nicht die Tatsachen sind, die zählen, sondern welchen Eindruck oder welche Wirkung diese Tatsachen im Inneren eines Menschen hinterlassen. Glanzvoll ruhte jedes Wissen in seinem Geist und war ein Beispiel für die Ordnung und die Schönheit des Ganzen.

Seine Hingabe an die Naturgeschichte war vollkommen. Er gestand, dass er sich manchmal wie ein Jagdhund oder ein Panther fühlte und dass er, als Indianer geboren, ein unbarmherziger Jäger geworden wäre. Aber in der Kultur von Massachusetts aufgewachsen, lebte er seine Instinkte auf harmlose Weise durch das Studium der Botanik und Fischkunde aus. Seine Vertrautheit mit Tieren erinnerte an das, was Thomas Fuller über Butler, den Bienenkundler, schrieb: „Entweder hatte er die Bienen in die Dinge eingeweiht oder die Bienen ihn." Schlangen wanden sich um seine Beine. Fische schwammen ihm in die Hand und er hob sie aus dem Wasser. Murmeltiere zog er am Schwanz aus ihrem Bau und Füchse verbarg er vor den Jägern. Unser Naturalist war von vollkommener Großherzigkeit. Er kannte keine Geheimnisse: Freimütig zeigte er den Fischplatz des Reihers oder den Sumpf, an dem er am liebsten botanisierte; vielleicht wusste er, dass die Orte nicht so leicht wiederzufinden waren – jedenfalls scheute er damit verbundene Risiken nicht.

Keine Universität verlieh ihm je ein Diplom oder bot ihm einen Lehrstuhl an. Keine Gesellschaft wählte ihn zu ihrem Schriftführer, ihrem Expeditionsleiter oder auch nur zu ihrem Mitglied. Vielleicht fürchteten diese gelehrten Einrichtungen die Ironie seiner Anwesenheit. Doch nur wenige wussten soviel über die Geheimnisse und die schöpferische Kraft der Natur und keiner sah sie in einer umfassenderen religiösen Synthese. Thoreau hatte keinen Respekt vor den Meinungen eines Menschen oder einer menschlichen Institution, sein Respekt galt ausschließlich der Wahrheit selbst. Als er die verbreitete Neigung von Akademikern entdeckte, sich gefällig zu machen, verloren sie für ihn ihre Glaubwürdigkeit. Von seinen Mitbürgern, die ihn zunächst nur für einen seltsamen Kauz hielten, wurde er mit jedem Jahr mehr verehrt und bewundert. Bauern, die ihn als Landvermesser anstellten, bemerkten schnell, wie ungewöhnlich genau und geschickt er seiner Aufgabe nachging und wie groß sein Wissen über ihr Land, die Bäume, die Vögel, über indianische Kultur und ähnliche Dinge war. Jeder Farmer erfuhr von ihm mehr über sein Land, als er selbst wusste. Und mancher hatte daher das Gefühl, Thoreau habe ursprünglichere Rechte am Land als er selbst. Auch sie fühlten seinen erhabenen Charakter, der alle Menschen mit natürlicher Autorität gewann.

In Concord finden sich viele indianische Hinterlassenschaften – Pfeilspitzen, steinerne Meißel, Stößel und Scherben von Steingut. Am Flussufer zeugen große Haufen von Muschelschalen und Asche von Orten, die die Indianer häufig aufsuchten. In Thoreaus Augen waren diese Relikte, wie alles andere, was die Indianer betraf, von großer Bedeutung. Nach Maine ging er vor allem, weil er sich für die Indianer interessierte. Es machte ihm große Freude, beim Bau eines Rindenkanus zuzusehen und anschließend sein Geschick in einer Kanufahrt in den Stromschnellen zu erproben. Die Herstellung steinerner Pfeilspitzen interessierte ihn, und noch in seinen letzten Tagen beauftragte er einen jungen Mann, der auf dem Weg in die Rocky Mountains war, einen Indianer zu finden, der ihm bestätigte, dass „eine Reise nach Kalifornien sich schon deshalb lohnt, weil man dort die Herstellung von Pfeilspitzen lernen kann". Hin und wieder besuchte eine kleine Gruppe Penobscot-Indianer Concord und schlug am Flussufer für ein paar Sommerwochen ihre Zelte auf. Er versäumte es nicht, sich mit den Besten unter ihnen bekannt zu machen, obgleich er wusste, dass es ähnlich aussichtslos war, von Indianern Antworten auf Fragen zu bekommen, wie Bibern und Kaninchen den christlichen Glauben zu predigen. Bei seinem letzten Besuch in Maine war er sehr froh mit Joseph Polis, einem hellwachen Indianer aus Oldtown, zusammen zu sein, der für einige Wochen sein Führer war.

Jede einzelne Tatsache der Natur interessierte ihn. Sein wacher Geist entdeckte das eine Gesetz in allen Dingen der Natur und ich kenne niemanden, der es so schnell verstand, allgemeine Gesetze aus einzelnen Tatsachen abzuleiten. Er war kein Pedant in irgendeiner Disziplin. Seine Augen öffneten sich der Schönheit und seine Ohren waren offen für die Musik. Er fand beide nicht etwa unter besonderen Bedingungen, sondern wo immer er hinging. Einfache Tonfolgen waren für ihn die beste Musik und so war ihm das Summen einer Telegrafenleitung poetische Inspiration.

Wie auch immer man seine Lyrik beurteilt: Er strebte zweifellos nach dichterischem Ausdruck und technischer Fähigkeit, doch lag die Quelle seiner Gedichte in seiner Spiritualität. Sein sicheres Urteil über

Dichtung machte ihn zu einem guten Leser und Kritiker. Niemand täuschte ihm literarische Kraft nur vor und sein Hunger nach ihr machte ihn für oberflächliche literarische Arbeiten unempfänglich. Manchmal verachtete er sie sogar. Filigrane Reime eines Gedichtbands überging er, doch fand er in ihm leicht jede lebendige Strophe oder Zeile und er verstand es ebenso gut, dichterische Qualität in Prosatexten zu finden. Thoreau war so sehr von geistiger Schönheit eingenommen, dass er die zeitgenössische Lyrik insgesamt gering schätzte. Zwar bewunderte er Aischylos und Pindar, doch wenn jemand sie empfahl, sagte er, dass Aischylos und die Griechen, als sie Apollo und Orpheus beschrieben, keine wirklichen Gesänge boten oder zumindest keine guten: „Sie hätten keine Bäume bewegen, sondern den Göttern Hymnen singen sollen, dass ihnen die alten Ideen aus den Köpfen geschlagen wären, um Platz für neue zu schaffen." Seine eigenen Verse sind oft grob und mangelhaft. Ihr Gold fließt noch nicht rein, es ist schlackig und unverarbeitet. Thymian und Majoran sind noch kein Honig. Aber wenn es ihm auch an lyrischer Feinheit und technischem Geschick fehlte, so mangelte es ihm nie an ursprünglichen Gedanken. Sein schöpferischer Geist war größer als sein Talent. Er kannte den Wert der Vorstellungskraft als Mittel, um das menschliche Leben zu trösten und zu erheben und illustrierte Gedankengänge gerne mit Symbolen. Die Tatsache, die man vermittelt, hat keinen Wert, sondern nur der Eindruck, den sie hinterlässt. Deshalb war seine Gegenwart voller Poesie und regte immer dazu an, mehr über die Geheimnisse seiner Gedanken zu erfahren. Er war reserviert – er zögerte was ihm heilig war profanen Blicken auszusetzen und er wusste, wie er seine Erfahrungen mit dichterischen Mitteln verschleiern konnte. Die Leser von „Walden" werden sich an den mythischen Bericht seiner Enttäuschung erinnern:

„Vor langer Zeit verlor ich einen Jagdhund, ein braunes Pferd und eine Turteltaube und ich suche sie bis heute. Vielen Reisenden, denen ich begegnete, erzählte ich von den Tieren, beschrieb ihre Spuren und die Rufe, auf die sie hörten. Einige hatten das Bellen des Hundes und den Hufschlag des Pferdes gehört und sogar gesehen, wie die Taube hinter einer Wolke verschwand und sie schienen so begierig darauf zu sein sie wiederzufinden, als hätten sie sie selbst verloren."

Seine Rätsel waren es wert, gelesen zu werden. Wenn ich auch zugeben muss, dass ich sie nicht immer verstand, so ändert das nichts daran. Seine Wahrheit war so reich, dass seine Zeit ihm zu schade war, auch nur ein Wort zu verschwenden.

In seinem Gedicht mit dem Titel „Sympathie" offenbart sich Zärtlichkeit unter einem Stoizismus aus Stahl und zeigt, wie viel intellektuelle Feinheit er mit einer stoischen Haltung zu verbinden vermochte. Sein klassisches Gedicht „Rauch" erinnert an Simonides, doch ist es besser als jedes Gedicht dieses Dichters. Sein Leben spricht aus diesen Versen. Die Art seines Denkens macht aus all seinen Gedichten eine Hymne auf den Grund der Gründe, auf den Geist, der seinen eigenen belebt und beherrscht:

„Ich höre, als wäre ich ganz Ohr,
ich sehe, als wäre ich ganz Auge,
ich lebe Momente, als seien sie Jahre,
und sehe Wahrheit, als verkörperte ich die Weisheit des Wissens."

Und mehr noch in diesen religiösen Zeilen:

„Jetzt ist die Stunde meiner Geburt,
und jetzt die Blüte meiner Jahre;
nicht zweifeln will ich an der unermesslichen Liebe,
die weder Reichtum noch Streben mir brachte,
die mich seit Jugend und Alter umwarb,
und die mir diesen Abend hier schenkte."

Obwohl er in seinen Schriften gegenüber den Kirchen und dem Klerus einige bissige Bemerkungen machte, war er eine Persönlichkeit von seltener, zarter und uneingeschränkter Religiosität, ein Mensch, der unfähig zu jeder Art profanen Denkens oder Handelns war. Natürlich isolierte ihn seine eigenwillige Denk- und Lebensweise von allen praktizierten religiösen Ritualen. Das ist weder zu verurteilen noch zu bedauern. Aristoteles erklärte das Phänomen schon vor langer Zeit: „Derjenige, der seine Mitbürger an Tugenden übertrifft, ist nicht länger ein Teil der Stadt. Ihr Gesetz ist nicht das seine, denn er ist sich selbst zum Gesetz geworden."

Thoreau war die Aufrichtigkeit in Person und hätte mit seinem Leben selbst Propheten in ihrem Glauben an ethische Grundsätze bestärken können. Sein Leben war ein so positives Beispiel, dass man es nicht ignorieren konnte. Er war ein mutiger Verkünder der Wahrheit, zu tiefen und ernsten Gesprächen fähig und ein Arzt für die Wunden aller Seelen. Er war ein Freund, der nicht nur das Geheimnis der Freundschaft kannte, sondern der von den wenigen Menschen, für die er auch Beichtvater und Prophet war und die den wahren Wert seines Geistes und sein großes Herz kannten, fast angebetet wurde. Seiner Meinung nach war ohne Hingabe und Religiosität bisher nichts Großes erreicht worden. Und er war der Ansicht, dass heuchlerische Sektierer gut daran täten, sich das vor Augen zu führen.

Natürlich nahmen seine Tugenden manchmal extreme Züge an. Es war leicht zu sehen, dass seiner unerbittlichen Forderung nach Wahrheit asketische Tendenzen zugrunde lagen, die ihn, diesen freiwilligen Einsiedler, noch einsamer machten, als es ihm selbst lieb war. Da er vollkommen integer war, forderte er Integrität auch von anderen. Verbrechen verabscheute er, sie waren für ihn mit keinem irdischen Nutzen zu rechtfertigen. Gaunereien entlarvte er sowohl bei Würdenträgern und Reichen als auch bei Armen unerbittlich und mit demselben Ekel. Diese gefährliche Offenheit im Umgang mit anderen brachte ihm unter seinen Bewunderern den Namen „der furchtbare Thoreau" ein. Es war, als redete er, wenn er schwieg und als sei er auch abwesend noch anwesend. Ich denke, die Strenge seiner Ideale führte dazu, dass er nicht genügend gesunde menschliche Gesellschaft hatte.

Als Realist wusste er, dass Dinge mitunter anders erscheinen, als sie tatsächlich sind, ein Umstand, der ihn dazu veranlasste, jede Aussage in ein Paradox zu kleiden. Ein gewisser Hang zur Rebellion schwächte schon seine frühen Schriften. Er griff dafür auf einen rhetorischen Kniff zurück, den er auch in seinen späten Schriften nie ganz ablegte, indem er für naheliegende Worte und Gedanken ihr genaues Gegenteil verwendete. So lobte er wilde Gebirge und winterliche Wälder für ihre heimelige Behaglichkeit, in Schnee und Eis empfand er Schwüle und eine Wildnis lobte er, weil sie Rom und Paris ähnle. „Es war so trocken, dass man es nass nennen konnte."

Die Neigung, dem Augenblick höchsten Stellenwert einzuräumen und alle Gesetze der Natur in der Betrachtung eines Gegenstands oder einer Komposition von Gegenständen zu lesen, ist natürlich für jemanden, der den philosophischen Sinn der Einheit des Betrachters nicht teilt, einigermaßen komisch. Physische Ausmaße waren für Thoreau irrelevant. Ein Teich war ein kleiner Ozean; der Atlantik war nur ein großer Walden See. Jede kleinste Tatsache setzte er zu kosmischen Gesetzen in Beziehung. Obgleich er glaubte, gerecht zu urteilen, war er doch chronisch von der Vorstellung besessen, dass die zeitgenössische Wissenschaft ihre Sorgfalt nur vortäuschte und immer wieder äußerte er die Meinung, die Gelehrten hätten es versäumt, eine bestimmte botanische Art zu unterscheiden, ihre Samen zu beschreiben oder ihre Blütenblätter zu zählen. „Dies zu behaupten", so entgegnete ich, „bedeutet zu sagen: Diese Dummköpfe kommen nicht aus Concord – doch wer sagt, dass sie von hier kommen sollten? Es war einfach ihr großes Pech, in London, Paris oder Rom geboren worden zu sein, und die armen Burschen taten, was sie konnten, wenn man sich vor Augen führt, dass sie niemals die Gelegenheit hatten, den Bateman See, die Landschaft von Nine Acre Corner oder Becky Stows Moor zu sehen. Doch nebenbei: Gibt es noch etwas anderes, was *du* uns zu sagen hast?"

Wäre sein herausragender Geist von kontemplativer Art gewesen, dann hätte sein Leben zu ihm gepasst, doch seine Energie und seine praktischen Fähigkeiten prädestinierten ihn für ein Leben großer Taten und Führung. Ich bedaure den Verlust seiner außerordentlichen Tatkraft so sehr, dass ich ihm seinen Mangel an Ambitionen einfach als Fehler ankreiden muss. Anstatt im Dienst von ganz Amerika zu wirken, betätigte er sich als Anführer einer Gruppe von Heidelbeerpflückern. Bohnen einzustampfen ist gut, wenn man daran arbeitet, eines Tages auch Reiche einzustampfen, doch was, wenn es nach vielen Jahren immer noch nur Bohnen sind –!

Aber diese Schwächen, waren sie nun real oder eingebildet, verschwanden schnell im fortdauernden Wachstum eines so starken und weisen Geistes, der seine Fehler mit immer neuen Triumphen auslöschte. Das Studium der Natur war ein ständiger Teil von ihm und es regte die Neugier seiner Freunde an, die Welt durch seine Augen zu sehen und seinen Abenteuern zu lauschen. Und er besaß Freunde mit unterschiedlichsten Interessen. Er hatte eine Menge seltsamer Angewohnheiten und verspottete jede Konventionalität. So konnte er das Geräusch seiner Schritte, das Knirschen der Kiesel unter seinen Schuhen nicht ertragen und lief deshalb, wenn möglich, nie auf der Straße, sondern im Gras und abseits der Straßen über Hügel und durch Wälder. Seine Sinne waren scharf und ihm war so, als verströmte jedes Wohnhaus nachts einen schlechten Geruch, so wie ein Schlachthof. Er mochte den klaren Duft von Klee. Bestimmte Pflanzen ehrte er mit besonderer Aufmerksamkeit, allen voran die Seerose – dann den Enzian und *Mikania scandens* und das Ruhrkraut und eine Linde, die er jedes Jahr zur Blüte Mitte Juli besuchte. Der Geruchsinn war für ihn geheimnisvoller als das Sehvermögen – geheimnisvoller und vertrauenswürdiger. Natürlich macht der Geruchssinn erfahrbar, was den anderen Sinnen verschlossen bleibt. Durch ihn lebte er seine Erdverbundenheit. Echos machten ihm Freude und er sagte, sie seien die einzigen verwandten Stimmen, die er je gehört habe. Er liebte die Natur so sehr und war in ihrer Einsamkeit so glücklich, dass er gegenüber Städten und allem Traurigen, was sie mit ihrer Kultiviertheit und Künstlichkeit aus dem Menschen und seinem Leben machten, misstrauisch war. Jede Axt gefährdete seine Wälder – und er sagte: „Gott sei Dank, können sie die Wolken nicht fällen! Vielerlei Formen und Figuren sind mit dieser rauen weißen Farbe auf den blauen Hintergrund gemalt."

Ich füge hier ein paar Sätze aus seinen unveröffentlichten Manuskripten an, nicht nur als Dokumente seiner Gedanken und Gefühle, sondern auch wegen ihrer kraftvollen Bildersprache und literarischen Qualität:

„Manch eine Evidenz ist so augenfällig, als fände man eine Forelle in der Milch."

„Der Döbel ist ein weicher Fisch und schmeckt wie gesalzenes und gekochtes braunes Papier."

„Ein junger Mensch sammelt so lange Material, um eine Brücke zum Mond oder vielleicht einen Palast oder Tempel auf der Erde zu errichten, bis sich irgendwann ein älterer Mensch entscheidet, mit ihm eine Hütte zu bauen."

„Das Zzzzirpen der Heuschrecken."

„Libellen zickzacken den Nut-Meadow Bach entlang."

„Zucker kann für den Gaumen nicht so süß sein wie der Klang des Wortes für ein gesundes Ohr."

„Ich zündete trockene Tannenzweige an und das satte salzige Prasseln der brennenden Nadeln war wie Senf für die Ohren, wie das Geklirr unzähliger Regimenter. Tote Bäume lieben das Feuer."

„Der ‚Bluebird' trägt den Himmel auf dem Rücken."

„Die Prachtmeise fliegt durchs Laubwerk, als wolle sie die grünen Blätter entzünden."

„Wenn ich ein Pferdehaar als Nadel für meinen Kompass brauche, gehe ich in den Stall. Aber nestbauende Vögel mit ihren scharfen Augen suchen Pferdehaare auf den Wegen."

„Unsterbliches Wasser, das bis hin zur Oberfläche lebendig ist."

„Feuer ist die erträglichste dritte Partei."

„Die Natur machte die Farne wegen ihrer feinen Blätter, um zu zeigen, was sie in dieser Hinsicht zu leisten vermag."

„Kein Baum hat einen so sauberen Stamm und einen so hübschen Fuß wie die Buche."

„Wie kommen die wunderschönen getupften Regenbogenfarben in die Schale der Süßwassermuschel, die im Schlamm auf dem Grund unseres dunklen Flusses lebt?"

„Die Zeiten in den Schuhen von älteren Geschwistern sind hart."

„Wir sind fest an die Menschen gefesselt, denen wir die Freiheit geben."

„Nichts sollte man so fürchten wie die religiöse Furcht. Gott selbst könnte ihretwegen noch Atheist werden."

„Welche Bedeutung haben Dinge, die man vergessen kann? Ein kleiner Gedanke ist Küster der ganzen Welt!"

„Wie können wir Ideen ernten, wenn wir keine Persönlichkeiten säen?"

„Nur den kann man beschenken, der ohne Erwartungen ist."

„Ich wünsche mir, geschmolzen zu werden. Man kann Metalle nur bitten, zärtlich zum schmelzenden Feuer zu sein. Zu nichts anderem sind sie zärtlich."

Botaniker kennen eine Pflanze, die derselben Gattung wie unsere Sommerblume, das Ruhrkraut, angehört. Sie ist ebenfalls eine *Gnaphalium*, die in den unzugänglichsten Felswänden der Tiroler Alpen wächst. Die Gämsen wagen sich kaum hinauf zu ihr und doch steigen Jäger, von ihrer Schönheit gelockt und von ihrer Liebsten verleitet (denn nichts schätzen die Schweizer Mädchen höher), die Wand hinauf, um sie zu pflücken und manchmal findet man die Männer tot am Fuße des Berges mit der Blume in der Hand. Die Botaniker nennen sie *Gnaphalium leontopodium* und die Schweizer *Edelweiß*, was *edle Reinheit* bedeutet. Thoreau schien in der Hoffnung zu leben, diese Pflanze, die ihm rechtmäßig zustand, zu pflücken. Der Umfang, den seine Studien annahmen, hätte ein langes Leben erfordert und umso weniger waren wir auf seinen plötzlichen Tod vorbereitet. Das Land weiß noch nicht, oder nur der kleinste Teil von ihm weiß, was für einen großen Sohn es verloren hat. Es scheint wie ein Verwundung, dass er in der Mitte seines Werkes, das niemand zu Ende führen kann, gegangen ist – eine Entwürdigung für eine so edle Seele, dass er aus der Natur treten sollte, noch ehe er den ihm Ebenbürtigen zeigen konnte, wer er ist. Doch hat er seinen Frieden gefunden. Seine Seele war für die edelste Gesellschaft geschaffen. Er hat in einem kurzen Leben die Möglichkeiten dieser Welt ausgeschöpft. Wo immer es Wissen gibt, wo immer es Tugend gibt, wo immer es Schönheit gibt, wird er eine Heimat finden.

Editorische Notiz

Der Übersetzung der Ansprachen von Emerson lagen die Texte in der Ausgabe The Complete Works of Ralph Waldo Emerson, Concord Edition, Boston and New York 1904 zugrunde.

Der amerikanische Gelehrte: The American Scholar, An Oration delivered before the Phi Beta Kappa Society, at Cambridge, August 31, 1837 in Nature, Addresses and Lectures, Volume I, pp. 81–115. Rede an der theologischen Fakultät der Universität Harvard: An Address delivered before the Senior Class in Divinity College, Cambridge, July 15, 1838 in Nature, Addresses and Lectures, Volume I, pp. 119–151. Thoreau: Thoreau, 1862 in Lectures and Biographical Sketches, Volume X, pp. 451–485.

Die Ansprachen „Rede an der theologischen Fakultät der Universität Harvard" und „Thoreau" erscheinen hier erstmals in deutscher Sprache.

Die Einleitung von Dieter Schulz ist ein Originalbeitrag für diese Ausgabe. Dieter Schulz ist Professor am Anglistischen Seminar der Ruprecht-Karls-Universität in Heidelberg und Autor des Buches Amerikanischer Transzendentalismus: Ralph Waldo Emerson, Henry David Thoreau, Margret Fuller.

Interessierte englischsprachige Leser finden unter www.rwe.org Hintergrundinformationen zu Leben und Werk von Ralph Waldo Emerson sowie ein zuverlässiges Werkarchiv.

Kultur des alten Amerika

In der Buchreihe *Kultur des alten Amerika* erscheinen Schlüsseltexte von sozialkritischen amerikanischen Autoren des 19. und frühen 20. Jahrhunderts in neuen deutschen Übersetzungen. Viele der ausgewählten Schriften erscheinen erstmals in deutscher Sprache.

Zu den Autoren der Reihe zählen Protagonisten der *Amerikanischen Renaissance* (Ralph Waldo Emerson, Henry David Thoreau, Walt Whitman etc.) und der *Progressiven Bewegung* (John Dewey, Jane Addams, Randolph Bourne etc.). Als Repräsentanten einer frühen amerikanischen *Gegenkultur* teilen die Autoren der Reihe pazifistische und progressive Überzeugungen. Ihre Schriften haben stark auf die zeitgenössischen kulturellen Debatten in den USA eingewirkt.

Durch die Vorstellung dieses Denkens fordert die Buchreihe herrschende Stereotype über die *Kultur* der Vereinigten Staaten von Amerika heraus und öffnet substanziell neue Blicke auf große freiheitliche Traditionen, die aus einer deutschen und europäischen Perspektive am Anfang des 21. Jahrhunderts von verblüffender Aktualität sind.

Bisher erschienen:

***Walt Whitman*, Demokratische Ausblicke** *(2005)*

***Ralph Waldo Emerson*, Drei Ansprachen**
Über Bildung, Religion und Henry David Thoreau *(2007)*

Der politische Essay „Demokratische Ausblicke“ von Walt Whitman (1819-1892) erscheint in der vorliegenden Ausgabe erstmals seit langer Zeit wieder in neuer deutscher Übersetzung. Whitmans Erläuterungen zur Rolle Amerikas in der Welt, zu seiner Kultur, zu seinen Herausforderungen, zu Fragen der „demokratischen Lebensform“ überhaupt, haben seit Erscheinen des Essays 1871 nichts von ihrer Aktualität verloren. 1922 begrüßte Thomas Mann die erste deutsche Übersetzung dieses Essays enthusiastisch.

„Wir haben das Wort Demokratie schon häufig gedruckt. Ich kann dennoch nicht oft genug wiederholen, dass es ein Wort ist, dessen wirkliches Verständnis noch immer schläft, ungeachtet des Widerhalls und der vielen wütenden Stürme – geschrieben und gesprochen – aus denen seine Silben hervorgegangen sind. Es ist ein großes Wort, dessen Geschichte, vermute ich, noch ungeschrieben ist, da diese Geschichte erst noch aufgeführt werden muss … “

***Walt Whitman*, Demokratische Ausblicke** (1871)

„Was für ein Vertrauen in seine Nation, welche Hoffnung, dass ein geistiges Amerika sich erheben wird, eine neue Kunst, eine neue Literatur! “
DIE ZEIT

„Preziosen liberaler Bissigkeit“
Neue Zürcher Zeitung

„Eine flammende Rede an die Demokraten in der Neuen Welt – Anklage und Utopie zugleich.“
Badische Zeitung

***Walt Whitman*, Demokratische Ausblicke**
Aus dem Englischen von Martin Nissen
Reihe: *Kultur des alten Amerika*
ISBN 10: 3-938871-00-8; ISBN 13: 978-3-938871-00-3; Preis 11,50 € (D)

Derk Janßen Verlag
www.derk-janssen-verlag.de